한번에
오케이!
보고서
작성법

한번에 오케이! 보고서 작성법

1판 1쇄 인쇄 2022. 7. 20.
1판 1쇄 발행 2022. 8. 2.

글 도영태
만화 곽승훈

발행인 고세규
편집 민성원 디자인 조명이 마케팅 신일희 홍보 반재서
발행처 김영사
등록 1979년 5월 17일(제406-2003-036호)
주소 경기도 파주시 문발로 197(문발동) 우편번호 10881
전화 마케팅부 031)955-3100, 편집부 031)955-3200 | 팩스 031)955-3111

저작권자 ⓒ 도영태·곽승훈, 2022
이 책은 저작권법에 의해 보호를 받는 저작물이므로
저자와 출판사의 허락 없이 내용의 일부를 인용하거나 발췌하는 것을 금합니다.

값은 뒤표지에 있습니다.
ISBN 978-89-349-4409-6 17000

홈페이지 www.gimmyoung.com   블로그 blog.naver.com/gybook
인스타그램 instagram.com/gimmyoung   이메일 bestbook@gimmyoung.com

좋은 독자가 좋은 책을 만듭니다.
김영사는 독자 여러분의 의견에 항상 귀 기울이고 있습니다.

만화로 배우는 문서 커뮤니케이션의 모든 것

한번에 오케이! 보고서 작성법

대기업·공공기관 1타 강사가 알려주는
보고서 쉽게, 잘 쓰는 법

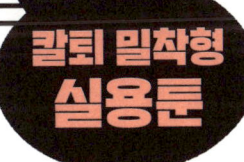

도영태 글 | 곽승훈 만화

김영사

머리말

여러 기업과 학교, 공공기관에서 '보고서 작성법'을 강의하다 보면 이런 이야기를 종종 듣는다.

"보고서를 쓰기도 바쁜데… 보고서 작성법을 배운다고 업무 능력이 크게 나아질까요?"

"보고서를 단번에 통과하는 건 단지 운 아닌가요?"

"보고서를 잘 쓰는 사람은 일머리를 타고난 사람 아닐까요?"

기업 강연을 처음 나섰던 20년 전과 지금은 일에 대한 인식도, 일의 과정과 유형도, 일하는 방식과 환경도 너무나도 다르다. 그러나 보고서가 직장인의 골칫거리라는 사실만큼은 예나 지금이나 다를 게 없다. 내가 들려주는 보고서 작성 노하우 또한 20년이 지난 지금도 현업에서 통하고 있다.

많은 직장인이 보고서를 '감'으로 쓴다. 혹은 단순히 '서식'을 채우기 위해 보고서를 위한 보고서를 쓰곤 한다. 의사결정자가 통과를 시켜도 이유를 모르고, 퇴짜를 놓아도 어디가 부족한지 모른다. 그러니 보고서를 써도 써도 실력이 늘지 않는다. 보고서 쓰는 일로 한숨이 늘고 야근이 잦아지는 건 당연한 후유증이다. 이런 직장인들에게 내가 현장에서 터득한 보고서 작성 비법을 알려주면 너나 할 것 없이 감탄한다. 보고서를 쓰는 게 이제 막막하지 않고 만만하단다.

이 책《한번에 오케이! 보고서 작성법》은 보고서를 쓸 때마다 머리를 쥐어짜야 하는 '실무 직장인'을 위한 꿀팁을 듬뿍 담은 일종의 매뉴얼이다. 수년간 대기업에서 기획자로 일하고, 강사이자 컨설턴트로 활동하면서 쌓은 결정적 지식을 대방출했다. 보고서 작성법을 배우면 뭐가 달라지느냐는 앞선 물음에 나는 이렇게 답하고 싶다.

"보고서 작성법은 직장의 소통법입니다. 서로 통하면 관계가 좋아지듯이 보고서를 잘 쓰면 업무가 술술 풀릴 겁니다."

보고서를 통과하는 건 운 아니냐는 질문에는 이렇게 답하겠다.

"모든 보고서를 관통하는 기본 원리가 있습니다. 그 구조에 맞춰 작성한다면 누구든 한번에 보고서를 통과할 수 있습니다."

보고서를 잘 쓰는 사람은 일머리를 타고난 사람 아니냐는 질문에는 이렇게 답할 것이다.

"다양한 보고서 작성 응용기술을 터득하고 이를 루틴(routine)으로 생활화하면 누구나 더 나은 보고서를 작성할 수 있고 보고서 작성의 달인이 될 수 있습니다."

이 책은 보고서의 기술을 쉽고 재밌게 전달하는 데 초점을 맞췄다. 만화로 일일이 설명할 수 없는 내용은 글을 덧붙여 보완했고, 보고서의 구조, 5단계 작성법, 보고서 유형별 노하우와 실전 예제 등을 총정리했다. 기안서, 기획보고서, 메일이나 온라인 전자결재 등 그 어떤 상황에서도 보고서를 척척 쓸 수 있는 보고서 작성의 핵심역량을 이 책이 책임지고 개발해줄 것이라고 감히 자부한다.

나의 원고에 날개를 달아준 곽승훈 만화가님께 먼저 감사의 말씀을 전하고 싶다. 그리고 책이 완성되기까지 아낌없이 응원해준 어머니와 가족들이 있어 행복하다. 출간에 힘써주신 김영사 출판사 관계자분들께도 감사하다. 마지막으로 늘 나의 책과 강의에 관심을 기울여주는 독자와 청중들에게 고마운 마음을 전한다.

도영태

머리말 • 4

1화 보고서의 시작은 기획이다! • 11
실무에 바로 써먹는 보고서 가이드 기획이란 무엇일까? • 21

2화 달라진 시대, 더 중요해진 보고서 • 23
실무에 바로 써먹는 보고서 가이드 맞춤형 보고서의 세 가지 요건 • 33

3화 어렵다고 '보포자'가 될 순 없다 • 35
실무에 바로 써먹는 보고서 가이드 보고력 자가 진단표 • 40

4화 기획 마인드는 흐물흐물하게! • 41
실무에 바로 써먹는 보고서 가이드 다르게, 뒤집어, 바꾸어 생각하는 법 • 49

5화 보고서를 바꾸는 제거의 미학 • 53
실무에 바로 써먹는 보고서 가이드 한층 깔끔한 보고서를 만드는 법 • 61

6화 맞춤형 보고서를 작성하는 요령 • 63
실무에 바로 써먹는 보고서 가이드 맞춤형 보고서의 첫걸음 • 70

7화 모든 보고서에 꼭 들어가는 필수 콘텐츠 • 71
실무에 바로 써먹는 보고서 가이드 보고서는 달라도 콘텐츠는 똑같다! • 77

| 8화 | **보고서가 쉬워지는 5단계 레시피** · 81
실무에 바로 써먹는 보고서 가이드 보고서 쓸 때마다 참고하는 단계별 전략 · 90

| 9화 | **콘셉트 1도가 기획의 방향을 결정한다** · 91
실무에 바로 써먹는 보고서 가이드 콘셉트 기획, 나도 한번 해보기 · 97

| 10화 | **느낌이 확 오는 제목 정하기** · 99
실무에 바로 써먹는 보고서 가이드 보고서 제목을 정하는 공식 · 108

| 11화 | **분석부터 확실히! SWOT 분석과 5 WHYS 기법** · 109
실무에 바로 써먹는 보고서 가이드 SWOT 분석, 5 WHYS 기법 더 알아보기 · 117

| 12화 | **보고서의 흐름을 잡아주는 뼈대 S-D-S 구조** · 119
실무에 바로 써먹는 보고서 가이드 S-D-S 논리 적용해보기 · 127

| 13화 | **MECE 기법으로 핵심 파악하기** · 129
실무에 바로 써먹는 보고서 가이드 MECE 논리 구조화 기법 적용해보기 · 137

| 14화 | **보고서에 살을 붙이는 레이아웃의 기술** · 139
실무에 바로 써먹는 보고서 가이드 한눈에 쏙! 로직트리의 힘 · 146

15화 끌리는 보고서의 비결은 다듬기에 있다 · 147
　실무에 바로 써먹는 보고서 가이드 보고서를 완성하는 다듬기 7원칙 · 153

16화 기본이자 필수! 기안서 작성하기 · 155
　실무에 바로 써먹는 보고서 가이드 간단 기안서 작성해보기 · 165

17화 결과보고서와 상황보고서 완전 정복! · 167
　실무에 바로 써먹는 보고서 가이드 상황보고서 작성해보기 · 175

18화 한눈에 쏙 들어오는 원페이지 요약보고서 · 177
　실무에 바로 써먹는 보고서 가이드 활용도 높은 원페이지 보고서 작성법 · 184

19화 마음을 훔치는 제안서 작성법 · 187
　실무에 바로 써먹는 보고서 가이드 제안서 프레젠테이션 발표하기 · 195

20화 좋은 정책 보고서의 조건 · 199
　실무에 바로 써먹는 보고서 가이드 정책기획 보고서의 정석 · 205

21화 공문서 표기법의 모든 것 · 207
　실무에 바로 써먹는 보고서 가이드 대통령 비서실의 표준서식 · 215

22화 보고서 문장이 깔끔해지는 교정법 • 217
  실무에 바로 써먹는 보고서 가이드 보고서 교정 노하우 • 227

23화 보고서의 신뢰를 높이는 인테리어 • 229
  실무에 바로 써먹는 보고서 가이드 보기 좋은 보고서 만드는 법 • 235

24화 자주 헷갈리는 용어 총정리 • 237
  실무에 바로 써먹는 보고서 가이드 헷갈리는 표현 바로잡기 • 245

25화 보고서다운 프레젠테이션 자료 만드는 법 • 247
  실무에 바로 써먹는 보고서 가이드 텍스트 문서를 이미지 문서로 표현하기 • 256

26화 메신저 보고서도 보고서다! • 257
  실무에 바로 써먹는 보고서 가이드 메신저로 간단 보고하기 • 265

27화 직장인의 필수 덕목! 이메일 보고서 쓰기 • 267
  실무에 바로 써먹는 보고서 가이드 이메일로 소통하는 법 • 272

28화 보고 잘하는 사람들의 습관 • 275
  실무에 바로 써먹는 보고서 가이드 보고력을 길러주는 네 가지 습관 • 281

에필로그 현장을 이롭게 하는 보고서 • 283
  실무에 바로 써먹는 보고서 가이드 '홍익현장 보고서'를 위한 7원칙 • 291

한번에
오케이!
보고서
작성법

1화

보고서의 시작은 기획이다!

우리는 평소 '기획(企劃)'이라는 단어를 자주 마주한다.

각종 기획 상품과

기획 프로그램은 물론,
전략 기획, 사업 기획,
영업 기획, 문서 기획뿐만 아니라

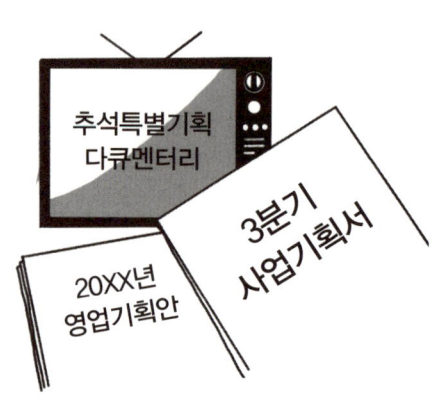

각종 연예기획사, 광고기획사,

하다못해 '기획부동산'이나
'보이스피싱 기획' 같은 사기 행각까지···

우리는 그야말로 기획의 홍수 속에 살고 있다.

1화 보고서의 시작은 기획이다!

보고서 또한 '기획보고서'를 강조하는 추세다.

'기획보고서'는
'알리는 것(보고, 報告)'에

'기획'의 개념을
결합한 보고서다.

그런데 '기획(企劃)'이란 도대체 무엇일까?
사전에는…

역시 원론적인 이야기만 있을 뿐이다.

기획은 단지 생각나는 대로 풀어낸 아이디어와는 다르다.
기획은 한 걸음 더 나아가야 한다.

나열한 아이디어를 키워드나 문장으로 묶는 것을 '구조화'라고 하는데, 기획이란 '아이디어를 정리하여 구조화하는 것'을 의미한다.

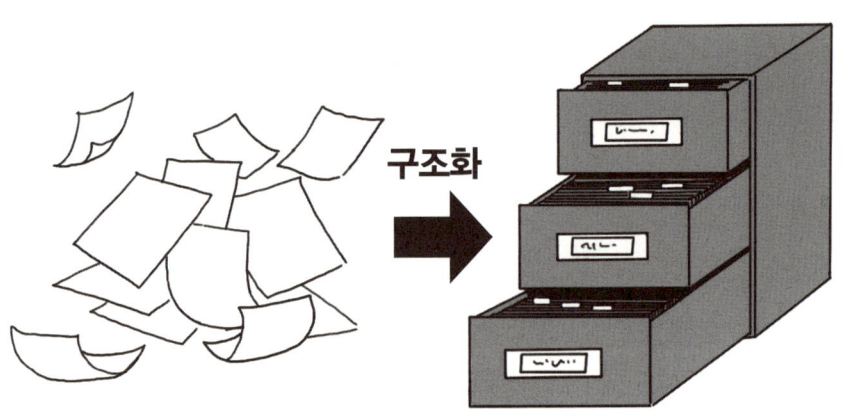

'企劃(기획)'이라는 한자를 분석해보면 상당히 흥미롭다.

꾀할 기(企)는 사람 인(人)과 그칠 지(止)로,
그을 획(劃)은 그림 화(畵)와 칼 도(刀)로 이뤄져 있다.

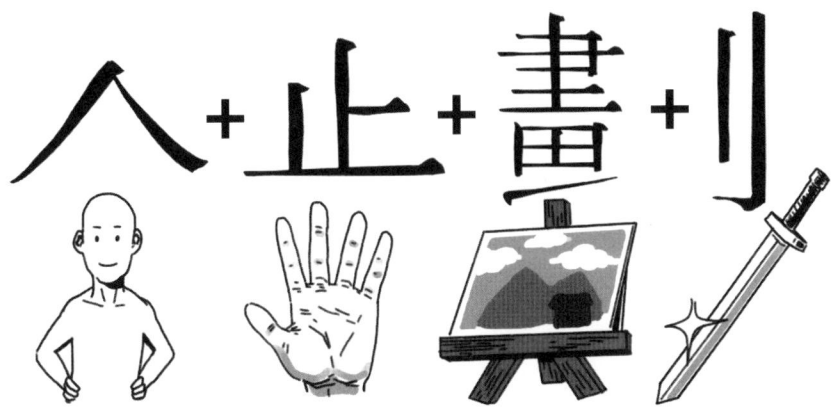

'사람이 그만하라고 할 때까지 그림을 칼같이 그린다'라는 뜻이다.
그만큼 어렵고 정교한 일이 기획이다.

기획과 계획은 뭐가 다를까? 차이는 '의사결정'에 있다.

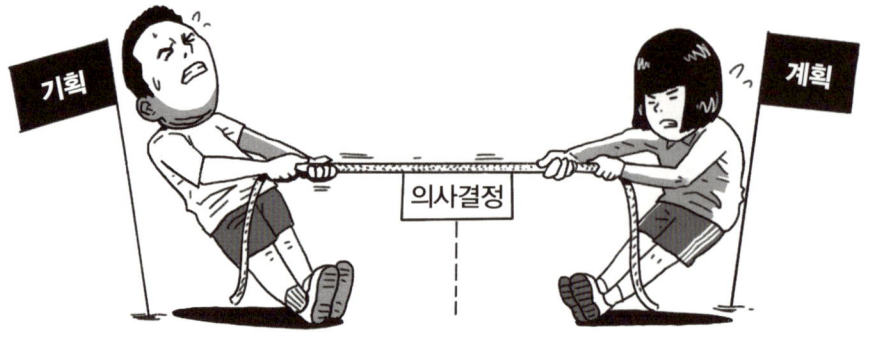

의사결정이 이루어지지 않은 것은 '기획'이고,
의사결정이 이루어진 것은 '계획'이다.

사업 기획서는
아직 결정되지 않은 사업을
구체화하는 문서이고,

사업 계획서는
이미 결정된 사업을
실행하는 문서다.

새로운 것인지 아닌지에 따라 구분하기도 한다.

새해에 처음 방영하는 프로그램을 '신년기획'이라고 하듯,

새로운 것을 만드는 건 '기획'이다.

신규 프로그램은 '기획'

한편, 기존의 것을 개편하면 '계획'이다.

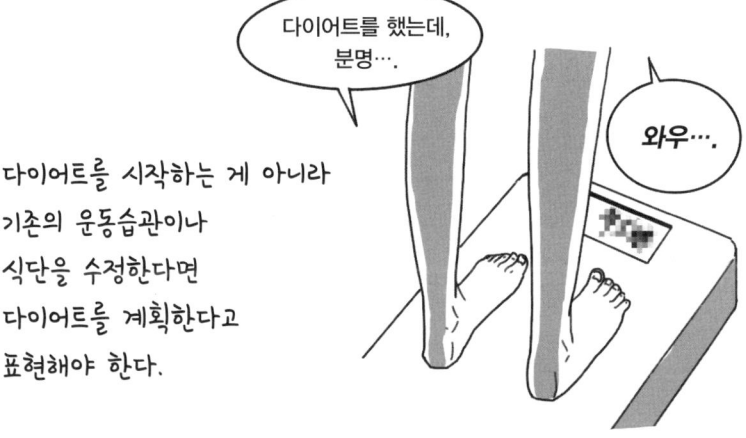

다이어트를 했는데, 분명….

와우….

다이어트를 시작하는 게 아니라 기존의 운동습관이나 식단을 수정한다면 다이어트를 계획한다고 표현해야 한다.

다이어트는 '계획'

또 기획은 '무엇을(what)'에,
계획은 '어떻게(how to)'에 가깝다.

기획 후에 계획이 이뤄진다.

즉, 기획을 실행하는 것이
바로 계획이라고 할 수 있다.

기획은 결정되지 않은 아이디어를 정리하여
구체적인 계획으로 실행하기 위한 제반 개념이다.
이러한 개념을 보고서에 담은 것을 일컬어 '기획보고서'라 부르는 것이다.

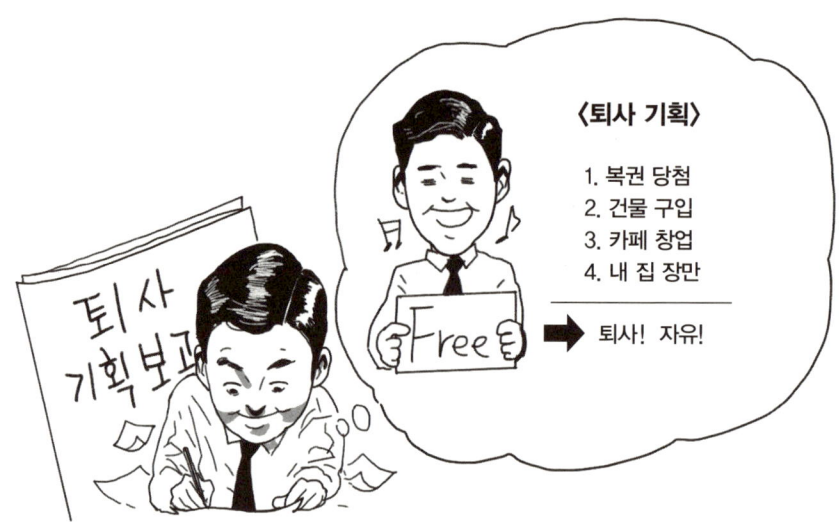

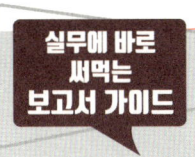

★ 기획이란 무엇일까?

사전에 '기획'이라는 단어는 찾아보면 '일을 꾀하여 계획함', '새로운 것을 입안하고 계획을 수립하는 과정'이라고 나옵니다. 한마디로 기획이란 계획에 앞서 아이디어를 정리 정돈하는 과정이라고 할 수 있습니다. 이를 '구조화'라고도 하는데요, 아무렇게나 나열된 아이디어나 정보 등에 의미를 부여하여 묶는 것을 뜻합니다. 그래서 계획은 영어로 plan이고, 기획은 planning입니다.

아이디어의 구조화를 통해 간난한 기획을 해보노록 합시나.

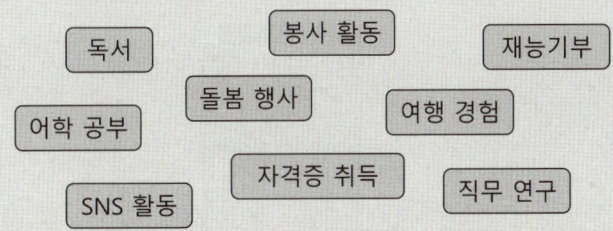

이러한 활동에 의미를 부여하여 세 개의 키워드로 정리할 수 있습니다. 이런 방식으로 자신의 이력서를 기획할 수 있겠죠.

자기계발	여가 활동	사회봉사
직무 연구	독서	돌봄 행사
어학 공부	여행 경험	재능기부
자격증 취득	SNS 활동	봉사 활동

한번에 오케이!
보고서 작성법

2화

달라진 시대,
더 중요해진 보고서

드론이 빌딩 숲을 날아다니고
로봇이 집안일을 대신해주는 날이 얼마 남지 않은 것 같다.

제4차 산업혁명이 가속화되면서
직장의 많은 업무를 디지털 기기와 서비스가 대체했듯이 말이다.

인공지능이 보고서를 대신 작성해주는 날이
언젠가 오지 않을까도 싶지만···

아마도 그런 일은 일어나지 않을 것이다.
보고서 작성은 대체 불가의 영역이기 때문이다.

사고의 비정형적인 측면은 인공지능이 따라할 수 없다고 한다.
보고서 중에서도 특히 기획보고서는 인공지능이 넘볼 수 없는 영역이다.

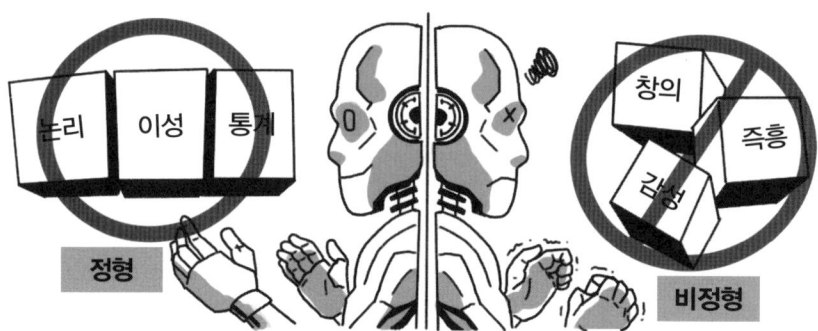

그래도 컴퓨터 덕분에 보고서를 쓰는 수고로움은 줄지 않았을까?

웬걸, 이제는 사소한 것까지 보고서로 작성해야 한다.

==다행인 것은 보고서가 정형화된 틀에서 벗어나고 있다는 점이다.==

① 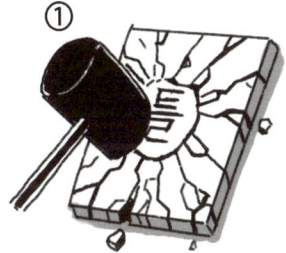 보고서 양식이나 서식, 보고의 격식 등 실속 없는 허례허식이 많이 줄었다.

② 원페이지 보고서처럼 양보다 질을 중시하는 문화가 생겨났고,

③  디지털 기기와 플랫폼은 보고 절차를 스마트하게 바꿔놓았다.

이제는 형식이 아니라 상사 맞춤형, 고객 맞춤형, 현장 맞춤형 등 ==상대방을 고려한 맞춤형 보고서가 중요한 시대다.==

맞춤형 보고서의 핵심은
상대방의 입에서 절로 칭찬이 나오게 쓰는 것이다.

간결하고 명확하게

상대방에게
실제 이익을 가져다주도록

==잘 만든 맞춤형 보고서는 내용이 한눈에 들어오고
앞으로 의사결정을 어떻게 하는 것이 좋을지를 분명하게 보여준다.==

자연스럽게 상대방은 더 쉽게 의사결정을 내릴 수 있다.
달리 말해, 실무자 입장에서 업무에 탄력을 받을 수 있다는 것이다.

칭찬이 아니라 질책을 부르는 보고서는 정반대다.

사소한 것까지 주저리주저리 적었지만,
논리도 내용도 빈약한 보고서 등은 파쇄기 신세를 지기 십상이다.

유치찬란하고 겉만 번지르르한 보고서도 마찬가지다.
과대포장 상품을 좋아하는 사람은 아무도 없다.

형식보다 중요한 것은 내용이다.
오프라인 문서로만
결재하던 시절에도 그랬고,

온라인이나 스마트폰 전자결재를
활용하는 지금도 마찬가지다.

다른 것은 제쳐두고 꼭 기억해야 할 한 가지는
현장에서 필요로 하는 보고서가 가장 훌륭한 보고서라는 것이다.

실무에 바로
써먹는
보고서 가이드

★ 맞춤형 보고서의 세 가지 요건

맞춤형 보고서는 무엇보다 읽기 쉬워야 합니다. 불편함 없이 읽을 수 있도록 범주나 형식 등이 잡혀 있어야 하죠. 그리고 알기 쉬워야 합니다. 보고서만 읽더라도 관련 내용을 이해할 수 있도록 정리가 잘 되어 있어야 하고 쉬운 용어로 기술되어야 합니다. 마지막으로 눈에 띄어야 합니다. 밋밋하게 작성하지 말고 강조사항, 시각적 요소 등을 활용하여 포인트를 살리거나 강조할 필요가 있습니다.
예제를 살펴보겠습니다. 아래 문서는 보고서라고 할 수 없는 글입니다. 요건에 부합하는 한 장의 보고서로 만들어볼까요? 이 자료를 어떻게 맞춤형 보고서로 완성할 수 있을까요?

> 우리 회사는 20**년 3월 스마트 고객관계경영(CRM) 서비스를 국내 최초로 시행, 애플리케이션을 개발하여 지난 1년간 2만여 건의 고객을 분석하고 관리했습니다. 스마트 고객관계경영 서비스는 기존에 인터넷 홈페이지나 고객센터를 통해 이뤄진 업무를 효과적으로 대체하며, 업무상의 기회비용을 크게 줄였습니다. 또 고객정보에 기반한 맞춤형 서비스를 제공하여 고객 만족도를 높이는 데 일조했습니다.

먼저 읽기 쉽도록 내용의 범주를 나누고 내용을 정렬해야 합니다. 크게 추진 현황과 그로 인해 달성한 효과로 나눠볼 수 있겠죠?

스마트 고객관계경영(CRM) 서비스 시행 결과

☐ **추진 현황**
- 20**년 3월 스마트 고객관계경영(CRM) 서비스를 국내 최초로 시행
- 스마트폰 기반의 애플리케이션 개발
- 1년간 2만여 건의 고객 분석 및 관리 업무 처리

☐ **달성 효과**
- 기존 업무를 효과적으로 대체
- 기회비용 절감
- 고객 맞춤형 서비스 제공
- 고객 만족도 상승

텍스트 위주로 만들어도 내용은 충분히 담고 있지만, 다소 밋밋한 감이 있습니다. 파워포인트 자료는 대개 제안이나 발표를 위한 것이죠. 즉, 알기 쉬우면서도 눈에 띄는 자료를 만들어야 합니다. 간단한 도형이나 객체를 이용해 앞 페이지의 자료를 한결 생기 있게 만들어줄 수 있습니다. 최종적으로 다음과 같습니다.

스마트 고객관계경영(CRM) 서비스 시행 결과

추진 현황

- 20**년 3월 스마트 고객관계경영(CRM) 서비스 국내 최초로 시행
- 스마트폰 기반의 애플리케이션 개발
- 1년간 2만여 건의 고객 분석 및 관리 업무 처리

달성 효과

- 기존 업무를 효과적으로 대체
- 기회비용 절감
- 고객 맞춤형 서비스 제공
- 고객 만족도 상승

3화

어렵다고 '보포자'가 될 순 없다

수학에 '수포자'가 있듯이

보고서에는 '보포자'가 있다.

보고서 작성을 즐기는 사람은…

세상 어디에도 없을 것이다.

직장인 중 70% 이상이 보고서 작성에 부담을 느낀다는 설문 결과가 있다.
쓰고 싶지 않지만 써야만 하는 보고서는
직장생활 내내 우리를 그림자처럼 따라다니며 괴롭힌다.

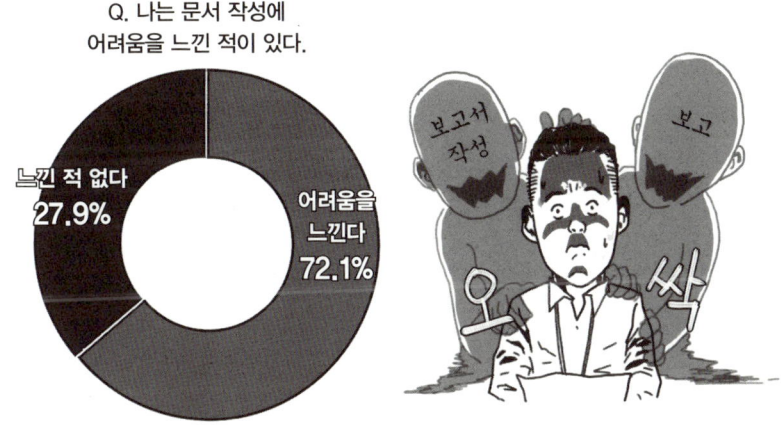

하지만 아무리 어렵고 쓰기 싫더라도 보포자가 되어서는 안 된다.
기획보고서 작성 역량은 승진이나 자기계발 면에서 매우 중요하다.

대략적인 내용을 구성하는 것부터 사소한 오탈자 수정까지,
정도의 차이만 있을 뿐 사실상 보고서를 쓰는 모든 과정이 부담이다.

상사에게 보고를 할 때는 보고 내용이
지시사항, 실행으로 이어질 수 있다는 사실에
부담을 느끼는 사람도 있을 것이다.

완벽한 보고서를 쓰는 것은 불가능하다.
한 통계에 따르면 보고서를 3회 이상 반려당하는 비율은 무려 95.6%다.

너무 잘 쓰려는 생각은 버리되, 포기하지도 말자.
인디언이 비가 내리기 전까지 기우제를 지내듯
전국시대를 통일한 도쿠가와 이에야스가
"두견새가 울지 않는다면 울 때까지 기다린다"고 했듯 견뎌보자.

3화 어렵다고 '보포자'가 될 순 없다

실무에 바로 써먹는 보고서 가이드

★ 보고력 자가 진단표

문항	내용	체크
1	말보다 문서로 표현하는 것이 어렵다.	
2	첫 줄부터 고민할 때가 많다.	
3	보고서를 작성해본 경험이 적은 편이다.	
4	보고서를 작성하는 시간이 남보다 오래 걸린다.	
5	보고서 작성법을 따로 배운 적이 없다.	
6	보고서의 문장을 매끄럽게 풀어내기가 어렵다.	
7	정형화된 문서를 주로 다루며, 보고서를 창의적으로 쓰는 데 어려움을 느낀다.	
8	보고서를 읽는 사람의 성향을 제대로 파악하여 작성하기 어렵다.	
9	보고서를 작성하다 보면 처음 의도한 바와 다르게 흘러가는 경우가 잦다.	
10	스스로 작성한 보고서에 대한 만족도가 낮은 편이다.	
11	보고서를 쓰고 나서 몇 번이고 교정을 해야 한다.	
12	보고서를 기존 방식이 아니라 새로운 방식으로 작성하기가 어렵다.	
13	보고서를 쓸 때 바뀌지 않는 나쁜 습관이 있다.	
14	간혹 다른 보고서를 그대로 따라할 때가 있다.	
15	상사로부터 보고서에 대한 질문이나 지적을 많이 받는 편이다.	

※ 0~3개: 부담을 거의 느끼지 않음, 4~9개 이상: 어느 정도 부담을 느낌, 10개 이상: 큰 부담을 느낌.

부담을 거의 느끼지 않는 분이라면 보고서를 많이 써보았으며 자신감이 붙은 상태일 것입니다. 그렇다면 보고서 형식은 지키되, 조금 더 창의적인 방식을 시도해보는 것도 좋겠죠. 어느 정도 부담을 느끼는 분이라면 보고서를 어떻게 써야 하는지에 대한 감은 있지만, 아직까지 보고서의 구조를 이해하지 못하는 상태입니다.

이 책을 통해 보고서를 구조화하는 기법을 이해하길 바랍니다. 큰 부담을 느끼는 분은 현재 상태에서 경험도, 지식도 부족할 가능성이 큽니다. 자신감을 가지고 보고서를 많이 써보는 게 최선입니다. 누구든 보고서 앞에서는 막막해 한다는 걸 결코 잊지 마세요.

4화

기획 마인드는
호물호물하게!

기획보고서를 잘 쓰려면
==유연한 마인드==부터
가져야 한다.

우리가 매번
똑같은 보고서를
쓰진 않기 때문이다.

==우선 '생각의 틀 깨기'부터 해야 한다.==
기존의 격식과 틀을 파괴하는 것이 유연한 마인드의 시작이다.

나이팅게일은 크림전쟁(1853~1856)에 간호사로 참전했을 뿐만 아니라 도표를 활용한 파격적인 보고서를 작성하여 위생의 중요성을 알렸다.

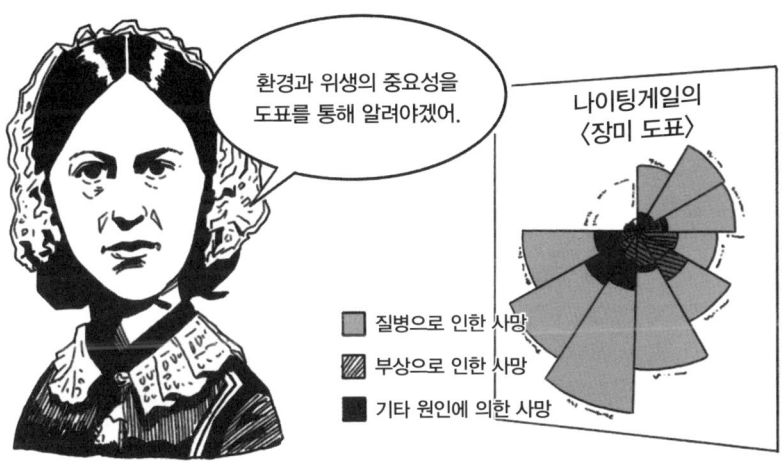

물론 모든 보고서를 파격적으로 써야 한다는 건 아니다.
항상 같지만은 않게, 때로는 창의성을 발휘할 필요도 있다는 것이다.
'파격적이어야 한다'는 생각도 하나의 틀일 수 있다.

기획보고서 작성 능력을 키워주는 세 가지 사고방식이 있다.
'다르게 생각하기', '뒤집어 생각하기', '바꾸어 생각하기'다.

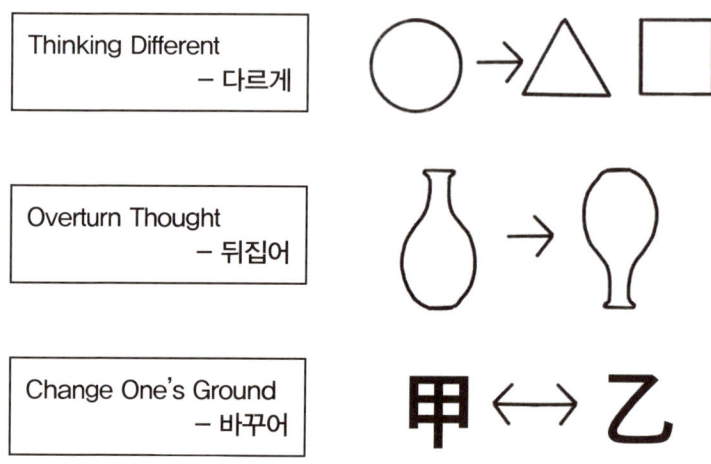

'다르게 생각하기'는 색다른 관점에서 아이디어를 창출하는 것이다. 과태료를 기존의 스티커 방식이 아닌 전자식 태그나 자동 청구, 강제 차단 장치 등의 다양한 방식으로 부과하는 것이 그 예다.

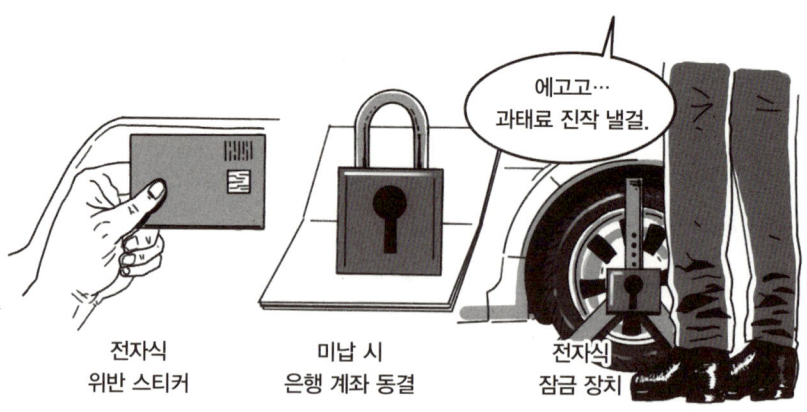

'뒤집어 생각하기'는 역발상을 하자는 것이다.
예로는 우수한 사람보다 부진한 사람을 더 돋보이게 하는 발상이나,

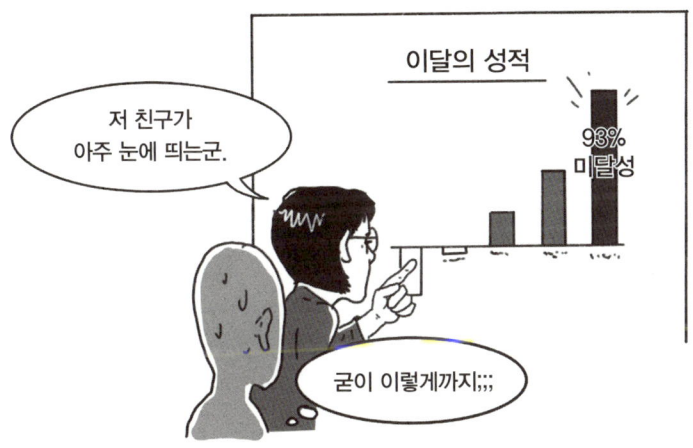

사업을 기획할 때 발전 방안보다는 실패 방안을 연구하는 것,
어려운 상황에 과감하게 투자하는 것 등이 있다.

'바꾸어 생각하기'는 이른바 '역지사지(易地思之)'다.
기획 상품 중에는 바꾸어 생각하기를 적용해 큰 인기를 끈 상품이 많다.

易地思之
바꿀 '역' 땅 '지' 생각할 '사' 갈 '지'

"처지를 서로 바꾸어 생각함"

'내가 의사결정자라면?', '내가 고객이라면?'라고 생각하며
상대방 입장에서 보고서를 쓴다면,
단번에 오케이를 받아낼 수 있지 않을까?

사실 유연한 마인드는 실무자보다 리더에게 더 필요하다.
실무자에게 온갖 지시를 쏟아내면,
실무자는 창의적인 기획을 자율적으로 생각해낼 수 없기 때문이다.

4화 기획 마인드는 흐물흐물하게!

보고서를 맹목적으로 양산하게 하거나
불필요한 부분까지 보고해야 하는 조직 문화가 있다면,
시급히 개선해야 하지 않을까?

기획보고서의 걸림돌인
고착화된 마인드와 전근대적인 문화는
이제 그만 사라져야 한다.

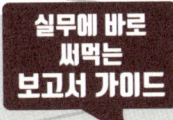

★ 다르게, 뒤집어, 바꾸어 생각하는 법

먼저 '다르게 생각하기'란 같은 내용을 다른 방식으로 표현해보는 것입니다. 예를 들어, 일반적으로 회사 연혁, 연례행사 등은 시간순으로 나열합니다. 이를 물이 흘러가는 모습처럼 표현하는 것은 어떨까요? 회사가 큰 문제 없이 지금까지 성장해왔음을 보여주는 듯합니다.

회사 소개

회사 개요
- 회 사 명: ㈜메타보고
- 대표 이사: 김첨단
- 설 립 일: 20**. 7. 1. (20**. 1. 1. 법인 전환)
- 주   소: 서울시 기획구 보고동 24-36 작성빌딩
- 직 원 수: 56명

주요 연혁
- 20**. 11. 세계 메타버스 페스티벌 개최
- 20**. 12. ArtWorks Group 업무 협약 체결
- 20**. 03. 디지털 포스트 전시회(DEXPO) 개최
- 20**. 04. 대학 연합전시회 개최
- 20**. 09. EXPOTIM GROUP INC. 전시업무 협약 체결
- 20**. 01. ㈜메타리스 업무 협약 체결
- 20**. 06. 국제동협회 전시회 개최

회사 연혁

회 사 명	㈜메타보고
대표이사	김첨단
설 립 일	20**. 7. 1. (20**.1.1 법인 전환)
주 소	서울 기획구 보고동 24-36 작성빌딩
직 원 수	56명
주요연혁	

20**. 11. 세계 메타버스 페스티벌 개최
20**. 12. ArtWorks Group 업무협약 체결
20**. 03. 디지털 포스트 전시회(DEXPO) 개최
20**. 04. 대학 연합전시회 개최
20**. 09. EXPOTIM GROUP INC. 전시업무 협약 체결
20**. 01. ㈜메타리스 업무 협약 체결
20**. 06. 국제동협회 전시회 개최

두 번째로 '뒤집어 생각하기'란 작은 것을 크게 생각하고 큰 것을 작게 생각하는 등 기존의 상식을 뒤집어보는 방법입니다. 단적인 예시를 살펴보겠습니다. 보통 이미지는 화면 안에 액자처럼 구성해야 한다고 생각합니다. 하지만 중요한 이미지라면 크게 확대하여 배경으로 사용하는 것도 한 방법이겠죠.

마지막으로 '바꾸어 생각하기'는 나의 입장이 아니라 상사, 고객, 소비자 등 의사 결정자의 입장에서 생각하는 것입니다. 만약 여러분이 신입사원을 위한 발표자료를 만들어야 한다고 합시다. 그렇다면 딱딱하고 사무적인 느낌의 자료보다는 일러스트를 활용한 자료가 더 나을 겁니다. 이렇게 말이죠.

MZ세대의 고민

(신입사원 60명 대상 설문조사 결과 : 20**. 10. 27.)

- **관계의 불안**
  - 상사와 세대 차이로 인한 소통 및 관계 맺기에 어려움을 겪음.

- **근무시간 고민**
  - 상사가 야근할 때 어떻게 행동해야 할지 모름.

- **상시 피로도**
  - 업무를 잘 해야 한다는 강박으로 업무 피로감 호소.

- **개인적 갈등**
  - 팀 프로젝트 및 부서 생활에서 갈등이 생겼을 때 조율하기 어려움.

우리의 업무상 고민은 바로 이렇습니다!

20**.10.27. 신입사원 60명에게 물었습니다

관계의 불안
세대 차이가 나는 상사나 선배에게 어떻게 다가가야 할지 모르겠어요.

근무시간 고민
선배가 야근을 하는데, 퇴근을 해도 괜찮을지 고민되고 눈치를 보게 돼요.

상시 피로도
잘해야 한다는 생각 때문에 압박감이 너무 크고, 수면 부족에 시달려요.

개인적 갈등
팀 프로젝트나 부서에서 갈등이 생겼을 때 어떻게 해야 할지 모르겠어요.

한번에 오케이!
보고서 작성법

5화

보고서를 바꾸는 제거의 미학

최근 출시된 기획상품들의 공통 키워드는 '제거'다.
제거를 하나의 기획 트렌드로 보아도 될 정도다.

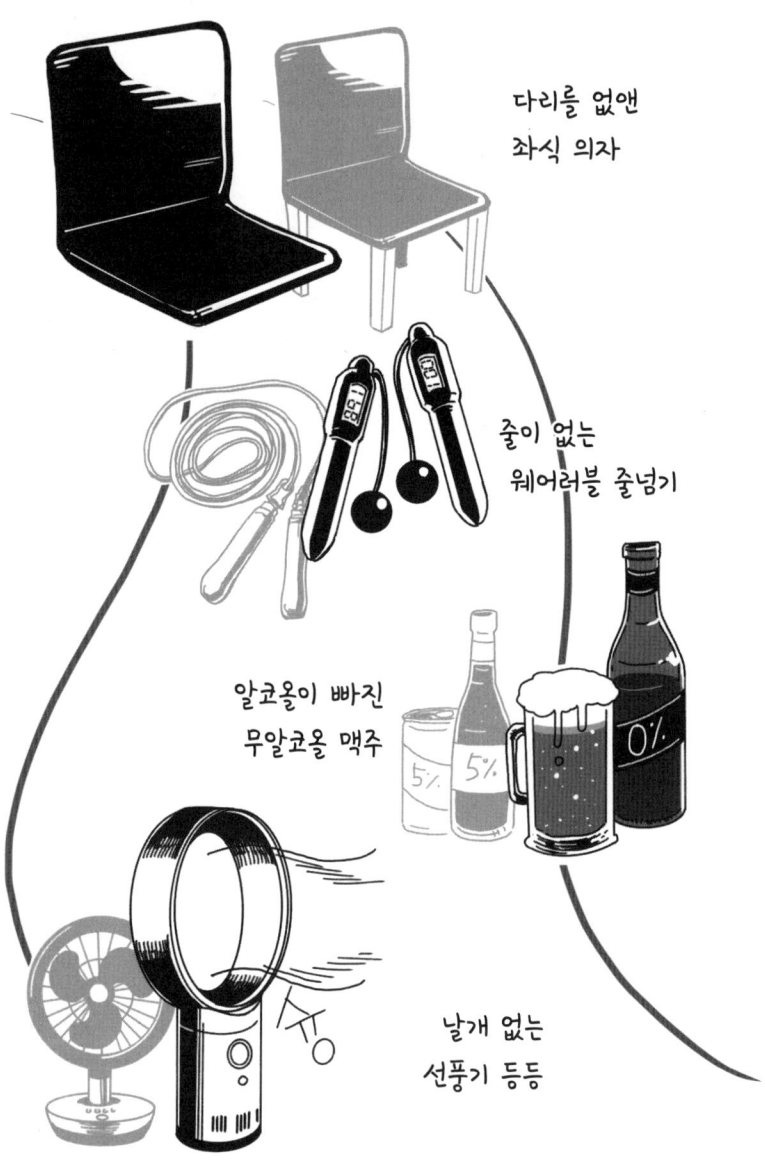

다리를 없앤 좌식 의자

줄이 없는 웨어러블 줄넘기

알코올이 빠진 무알코올 맥주

날개 없는 선풍기 등등

"( )을 제거하면 혁신을 이룰 수 있다."
여기서 괄호 안에 들어갈 단어는 바로 핵심이다.
제거의 중요성을 보여주는 말이다.

보고서에서 제거는 군더더기 같은 내용이나 문장을 삭제하는 걸 뜻한다.
꼭 필요한 것만 남겨 보고서를 압축하는 것이다.

제거는 버림의 마음가짐에서 시작된다.
보고서를 기존 패턴대로 쓰는 버릇을 버리지 못하면
개선과 혁신을 기대하기 어렵다.

활용하지도 않을 자료들을 무작정 저장하는 습관을
'저장강박'이라고 하는데, 이 또한 버려야 한다.

제거의 방향성은 크게 세 가지다.
==첫째, 익숙한 방식을 제거하라.==

기존 방식에 매몰되면 창의성이 발휘되기 어렵다.
창의성이 중요한 기획보고서일수록 '익숙한 것과의 결별'이 필요하다.

둘째, 자료는 많을수록 좋다는 생각을 버려라.
자료가 많다고 좋은 보고서가 되는 건 아니다.

셋째, 완벽하게 쓰려는 마음을 버려라.
보고서를 계속 붙잡고 다듬다가는 중요한 타이밍을 놓칠 수 있다.

또 보고서에 별 도움이 되지 않는 정보들은
과감하게 휴지통에
집어넣어야 한다.

보고서의 분량이 너무 많으면 상대방에게 부담을 줄 뿐만 아니라
좋은 의사결정을 방해하기도 한다.

학창 시절 교장 선생님의 훈화 말씀을 떠올려보라.
끊어질 듯 끊어지지 않는 그 말씀에 귀 기울이는 학생은 거의 없었다.

제거의 기술은 '미니멀리즘(minimalism)'과 같은 맥락이다.
<mark>단순함과 간결함을 추구하는 미니멀리즘은 '버림의 미학'이라고 불린다.</mark>
보고서를 작성할 때도 버림의 미학을 실천해보는 건 어떨까?

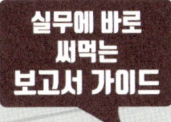

★ 한층 깔끔한 보고서를 만드는 법

넓은 의미에서 제거는 보고서의 부피를 줄이는 일입니다. 구구절절 쓰인 많은 부분을 제거하고 보고서의 핵심만을 남기는 것이죠. 예제를 통해 알아보겠습니다. 아래 보고서는 학교폭력에 대응하기 위해 관련 현황을 정리한 보고서입니다.

I 최근 학교폭력의 현황

☐ **학교폭력 최초 발생 연령이 낮아지고 있는 추세**
  ○ 피해학생 중 53.5%가 초등학교 때 최초로 학교폭력 피해 경험
    * 초4-6학년: 36.0%, 초1-3학년: 17.5%
  ○ 가해학생 중 58.0%가 초등학교 때 최초로 학교폭력 가해
    * 초4-6학년: 43.1%, 초1-3학년: 14.9%

☐ **중학생의 학교폭력 발생 비율이 가장 높은 성향**
  ○ 학교폭력대책자치위원회 심의건수 중 중학교가 차지하는 비율이 전체의 69%(최근 3개년간 동일)
    * 총 심의건수 7,820건: 초 201건(3%), 중 5,366건(69%), 고 2,216건(28%)

☐ **정서적 폭력의 증가와 폭력의 지속성 확대**
  ○ 단순한 신체적 폭력이 아닌 강제적 심부름(금품갈취 포함) 46%, 사이버 폭력 34.9%, 성적 모욕 20.7% 등 언어적 폭력 증가
  ○ 처음 피해를 준 학생이 보복 폭행을 하거나(44.6%), 처음 피해를 준 학생이 친한 주위 학생과 함께 폭력 행사(33.4%)

☐ **학교폭력의 집단화 경향: '일진' 등 학교 내 영향력 증가**
  ○ 학교폭력 피해학생 중 66.2%가 2명 이상의 가해자에게 폭력을 당하고, 가해학생의 수가 '6명 이상'인 경우가 16.3%에 이름
  ○ 학교별 일진이 서로서로 정보를 공유하여 피해자를 지속적으로 괴롭히는 문제 발생

☐ **학교폭력에 대한 인식과 대응수준은 매우 낮은 편**
  ○ 학교폭력을 사소한 장난으로 인식하거나 위장하고, 학교폭력을 목격하는 경우에도 방관하는 경향이 압도적으로 많음

잘 정리된 편이지만, 통계치나 정보나 지나치게 상세하게 느껴집니다. 그렇다면 무엇을 제거하고 무엇을 남겨야 할까요? 이럴 때는 먼저 질문을 던져봅시다.
"이 자료에서 핵심은 무엇일까?"
세 가지로 정리해볼 수 있습니다.

① 학교폭력이 초등학교에서 시작되고, 중학교에서 확대 및 재생산된다는 점
② 정신적 폭력이 늘고 있으며, 지속적이고 집단적인 경향을 보인다는 점
③ 학교폭력에 대한 인식 및 대응 수준이 낮다는 점

이렇게 핵심을 정리했다면 나머지 내용을 정리하여 보고서의 부피를 줄일 수 있습니다. 다음처럼 말이죠. 어떤가요? 한결 가볍고 명료해지지 않았나요?

I 최근 학교폭력의 현황

☐ **초등·중학생의 학교폭력 발생 비율 증가**
  ○ 피해학생 중 53.5%가 초등학교 때 최초로 학교폭력 피해 및 가해 경험
  ○ 학교폭력대책자치위원회 심의건수 중 중학교가 차지하는 비율이 전체의 69%(최근 3개년간 동일)
    · 총 심의건수 7,820건: 초 201건(3%), 중 5,366건(69%), 고 2,216건(28%)

☐ **정서적 폭력의 증가와 폭력의 지속화 및 집단화 경향**
  ○ 단순한 신체적 폭력이 아닌 강제적 심부름(금품갈취 포함), 사이버 폭력, 성적 모독 등 언어적 폭력 증가
  ○ 처음 피해를 준 학생이 보복 폭행을 하거나 다시 친한 주위 학생과 함께 폭력 행사
  ○ '일진' 등 학교 내 영향력 증가로 지속적 집단 괴롭힘 발생
    ※ 피해학생 중 66.2%가 2명 이상의 가해자에게 폭력을 당하고 가해 학생의 수가 '6명 이상'인 경우가 16.3%에 이름

☐ **학교폭력에 대한 인식과 대응수준은 매우 낮은 편**
  ○ 학교폭력을 사소한 장난으로 인식하거나 위장하고, 이를 목격하는 경우에도 다수가 방관하는 경향

6화

맞춤형 보고서를 작성하는 요령

보고를 받는 사람은 주로 상사나 고객이다.
최종 의사결정자에게 직접 보고하는 경우도 간혹 있다.

제아무리 보고서를 잘 써도
의사결정자가 받아들이지 않으면 의미가 없다.

즉, 상대방이 원하는 보고서를 써야 한다는 것.
아무리 강조해도 지나치지 않은 하나의 원칙이다.

이 원칙을 지키기 위한 전제 조건이 있다.
바로 상대방의 스타일(성향)을 알고 눈높이(수준)를 맞추는 일이다.

예를 들어, 상사가 성격이 급하다면 어떻게 보고서를 써야 할까?
① 빨리빨리 작성하고
② 결론부터 먼저 기술하고
③ 상대가 주도권을 행사할 수 있도록 따라줘야 한다.

유독 숫자에 민감한 상사, 문서 비주얼을 엄청 신경 쓰는 상사, 사소한 오탈자만 골라내 트집을 잡는 상사···
같은 보고서라도 상대방 스타일에 따라 반응은 천차만별이다.

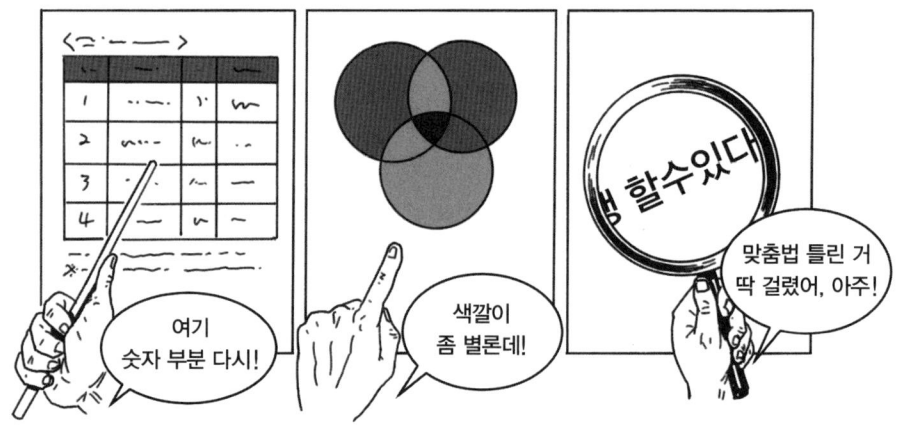

눈높이를 맞추는 것은 일반적으로 쉽게 작성하는 것을 뜻한다.
어려운 용어, 특히 전문용어 사용은 피해야 한다.

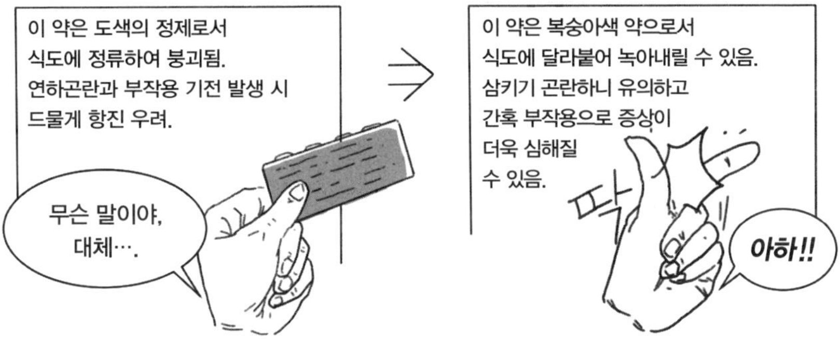

이 약은 도색의 정제로서 식도에 정류하여 붕괴됨. 연하곤란과 부작용 기전 발생 시 드물게 항진 우려.

무슨 말이야, 대체….

이 약은 복숭아색 약으로서 식도에 달라붙어 녹아내릴 수 있음. 삼키기 곤란하니 유의하고 간혹 부작용으로 증상이 더욱 심해질 수 있음.

아하!!

관계자 외 촉수엄금

촉수엄금? 무슨 뜻이지??

관계자가 아니면 만지지 마세요.

한자어는 최대한 우리말로 풀어쓰는 게 좋다.

혼란을 줄 수 있는 문장도 금물이다.

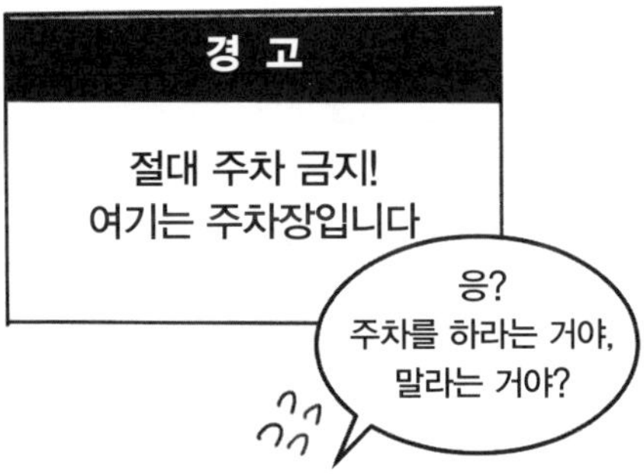

경 고

절대 주차 금지!
여기는 주차장입니다

응? 주차를 하라는 거야, 말라는 거야?

6화 맞춤형 보고서를 작성하는 요령

단, 상대방과 인간관계 코드가 맞지 않는다면
용어나 표현과 별개로 눈높이를 맞추기 어려울 수 있다.

관점이 다르면 눈높이도 다른 법이다.

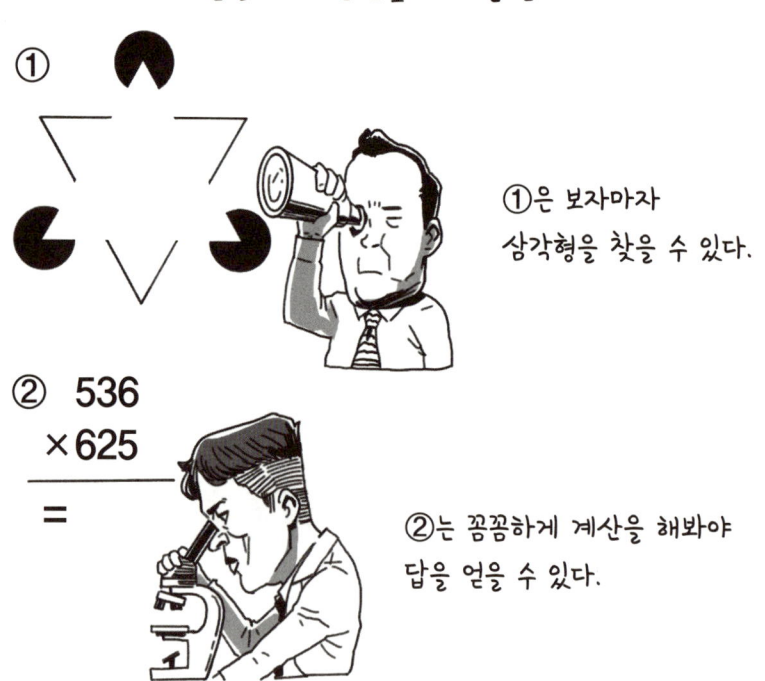

①은 보자마자 삼각형을 찾을 수 있다.

②는 꼼꼼하게 계산을 해봐야 답을 얻을 수 있다.

전자를 거시적 관점, 후자를 미시적 관점이라고 한다.

거시적 관점의 상사는 큰 틀에서 지시를 내리는 한편,
미시적 관점의 상사는 사소한 부분까지 세심하게 관여한다.

두 가지 관점 중에 어느 장단에 맞추어야 할까?
답은 간단하다. 양측에 모두 맞추는 것.
결국 맞춰야 한다. 못 맞추면 지는 것이다.

실무에 바로 써먹는 보고서 가이드

★ 맞춤형 보고서의 첫걸음

맞춤형 보고서를 쓰기 위해서는 먼저 용어 표현부터 신경 쓸 필요가 있습니다. 용어의 활용은 문서 커뮤니케이션의 첫걸음이기 때문입니다. 아래 예시는 일상이나 직장에서 왕왕 찾아볼 수 있는 표현들입니다. 이 예시를 통해 자신이 눈높이에 맞지 않는 표현을 쓰진 않았는지 생각해보길 바랍니다.

눈높이에 맞지 않는 예	눈높이에 맞는 예	이유
• M&A를 통해 얻어낸 결과이다. • T.F.T.를 구성하여 조치할 계획이다.	• 인수 및 합병을 통해 얻어낸 결과이다. • 임시담당조직을 구성하여 조치할 계획이다.	고객 및 소비자에게 부적절함.
• 클라이언트의 니즈를 라이벌사에서도 파악하고 있습니다.	• 고객사의 요구사항을 경쟁사에서도 파악하고 있습니다.	외래어를 불필요하게 사용하지 않아야 함.
• 그 행동은 부작위(不作爲)하니….	• 그 행동은 마땅히 해야 할 것을 일부로 하지 않은 것이니….	한자어는되도록 사용하지 않는 것이 좋음.
• 추가 부가가치세 납부는 불복 처분된 사실이 존재하지 않으므로 각하합니다.	• 부가가치세를 추가로 납부하지 않으셔도 됩니다.	해당 분야의 전문용어로, 일반인이 이해하기 어려움.

7화

모든 보고서에 꼭 들어가는 필수 콘텐츠

콘텐츠(contents)는 보고서의 알맹이다.
콘텐츠가 부실하면 다른 것은 아무리 잘해도 허탕이다. 기계로 치면 핵심부품이 빠졌다고나 할까?

겉보기엔 투박해도 콘텐츠로 실속을 차린 보고서가 채택되고 인정받을 확률이 점차 높아지는 추세다.

그렇다면 보고서에 어떤 내용을 담아야 할까?

상사에게 보고서를 제출했을 때 주로 돌아오는 질문은 다섯 가지다.
그중 네 가지는 이런 것들이고···

7화 모든 보고서에 꼭 들어가는 필수 콘텐츠

마지막 한 가지는 다른 것과 비교를 요구하는 것이다.

이 각각의 질문은 보고서의 일반적인 요소가 되는데,
표로 정리하면 다음과 같다.

상사가 원하는 사항	작성 내용	비고(사업 예)
결론이 뭐야?	핵심, 요약, 요점, 답	사업추진 핵심
근거가 뭐야?	논리적 근거, 이유, 원인	사업 타당성
어떻게 할 건데?	방법, 실행, 추진사항	추진 방법
비용은 얼마나 들지?	재정, 예산, 소요비용	사업비용
다른 곳은 어떻게 하지?	비교사항	경쟁부문 비교

이 중에서 첫 번째부터 세 번째에 해당하는
결론, 근거, 방법은 특히 중요한 보고서의 필수 콘텐츠다.

결론 – So what
근거 – Why so
방법 – How to

한 장의 보고서든 여러 장의 보고서든
결론, 근거, 방법은 반드시 포함해야 한다.

공문서를 보더라도 세 가지 필수 콘텐츠를 중심으로
내용을 구성하고 있음을 확인할 수 있다.

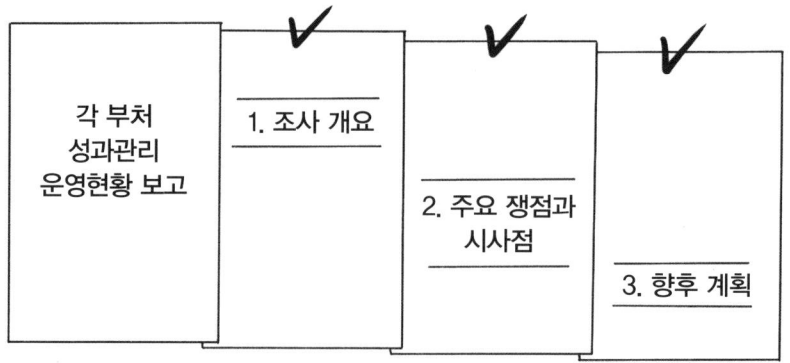

다른 건 몰라도 이 필수 콘텐츠는 반드시 기억하자.
전라도 할머니가 사투리로 말하는 걸 생각하면 외우기 쉽다.

실무에 바로 써먹는 보고서 가이드

★ 보고서는 달라도 콘텐츠는 똑같다!

기획보고서, 상황보고서, 결과보고서 등등 보고서의 종류는 무척 다양합니다. 그렇다면 종류가 다른 보고서를 쓸 때마다 보고서를 쓰는 법을 다시 익혀야 할까요? 아닙니다. 종류는 달라도 담고 있는 필수 콘텐츠는 거의 똑같기 때문이죠. 아래의 네 가지 보고서 예시를 살펴보며 필수 콘텐츠 세 가지를 머릿속에 각인시켜봅시다.

① **상황보고서**

상황보고 (20**. 0. 00.) 00지역센터 김보고 ☎ 00-0000-0000

☐ (00지역센터) 내방 민원인 갑자기 쓰러져, 직원 신속대처

○ 사건개요 ———————————→ **결론(핵심)**
- 오늘 15:40경 00지사(지사장 000) 종합민원실에 방문 민원인(男, 000, 58세, 공황장애)이 쓰러져 직원(000 주임, 28세, 간호사)이 응급조치 후 119 구급차를 이용하여 인근 의료기관으로 후송함

○ 사건경위 ———————————→ **근거**
- 2020. 0.00.(화) 15:20경 상기 민원인이 00지사 종합민원실을 내방함
- 15:40경 체납보험료 분할납부 상담 종결 후 귀가를 서두르던 민원인이 갑자기 공황장애를 호소하며 온몸이 경직되면서 바닥에 쓰러져, 즉시 민원실 직원(000 주임)이 119 신고와 보호자에게 연락함
- 지사장은 간호사 경력 직원(000 주임)에게 응급조치 지시, 심장 마사지법을 실시하여 의식회복 및 안정단계 확보 후 출동한 119 구급대에 인계하여 병원으로 이송함

○ 조치사항 및 향후 계획 ——————→ **방향(방법)**
- (지사장) 보호자와 연락을 통해 확인 결과, 건강상태 호전 확인, 전 직원 상대 CPR(심폐소생술) 등 응급처치 교육 실시 예정
- (본부장) 응급상황 대처 직원 격려 및 유사사례 발생 시 대처능력 향상을 위한 교육 실시 지시

② 사업 보고서

Ⅲ 20**년 사업 추진계획

1 사업개요

☐ 사업개요 ━━━━━━▶ 결론(핵심)
- ○ (사 업 명) 20**년 행복더함 희망나래 사업(제 9차년도)
- ○ (사업기간) 20**. 03. ~ 20**. 12.
- ○ (사업대상) 전국 00여 개 지역아동센터
- ○ (사업내용) 이동용 차량 지원, 맞춤형 도서관지원, 문화체험, 프로그램운영비 지원, 경주지역 상생협력 지원 등

☐ 사업규모(전년 대비) ━━━━━━▶ 근거

구 분	승합차 지원	도서관 설치	문화체험	프로그램 지원	경주 상생협력	인프라 연계	사후관리 강화
20**년							
20**년							

2 '**년 개선사항 ━━━━━━▶ 방향(방법)

- ☐ 차량 및 도서관 등 지원 인프라에 대한 사후관리 강화
  - ○ 노후차량 단계적 재랩핑을 통해 사후관리 및 사업 통일성 강화
  - ○ 도서관 수혜센터에 신간도서 지원을 통한 도서관 이용 효율성 제고
- ☐ 도서관 지원 인프라를 활용한 연계사업 강화
  - ○ 도서관 수혜센터를 대상으로 독서장려를 위한 프로그램 운영
- ☐ 공공기관 환경친화적 자동차 보급 활성화 정책에 기여
  - ○ 전기차 지원 도입(승합차 85대 → 승합차 80대, 전기차 5대)
- ☐ 교육원 업에 맞는 에너지 등 과학프로그램 운영비 지원
  - ○ 과학적 상상력을 기를 수 있는 활동에 대한 프로그램 운영비 지원

③ 원페이지 보고서

중견기업의 경영 여건

작지만 강한 중견기업에 대한 새로운 지향점 제시 ━━━━▶ 결론(핵심)

과거에는 기업을 대기업과 중소기업으로 분류했으나, 최근 규모가 작지만 글로벌 경쟁력을 갖춘 중견기업이 새롭게 조명받기 시작함

☐ 직원 수 및 연간 매출액에 따른 중견기업 분류 ━━━━▶ 근거

	1000억 이상	500억~1000억	100억~500억
500명 초과			
100~500명			
100명 미만			

앞으로 지향해야 할 기업 모델을 중소기업에서 중견기업으로 전환할 필요가 있음 ━━━━▶ 방향(방법)

④ 정부 공문서

코로나19 방역상황 안정 시 예방접종 추진 방향

(20**.02.21. ㅇㅇㅇ과)

☐ **검토배경** ──────────────▶ **결론(핵심)**

○ **(치명률 감소)** 확진자는 증가하는 추세이나, 오미크론 우세종화 등에 따라 **치명률 감소 → 정부에서는 방역체계 개편**[*]을 검토
  * 주기적으로 유행하는 풍토병으로서 관리 등

○ **(국민피로도 증가)** 확진자 증가 시 마다 **예방접종을 사실상 의무**[*]로 받아들이는 등의 국민 심리적 불안 고려 필요
  * 2.26 첫 접종, 현재까지 3차 접종까지 시행(3차 접종률 60% 수준)

☐ **검토사항** ──────────────▶ **근거**

○ **(과거 사례)** 사스, 메르스 등 유행 시에는 전국민 대상 예방접종을 추진한 전례가 없어 단순 비교 곤란

○ **(접종비용지원)** 전국민 대상 무료접종보다 **고위험군 대상 선별적**으로 **접종비용을 지원하는 방안** 검토 필요

○ **(조직운용)** 현행 임시 TF(코로나19 예방접종 대응 추진단) 운용은 중단하고 **질병청 정규조직 내에서 추진하는 방안** 검토 필요

☐ **추진방향** ──────────────▶ **방향(방법)**

○ **(국가예방접종화)** 풍토병으로 관리될 경우 인플루엔자[*] 등과 같이 코로나19에 대해서도 감염병예방법상 **국가예방접종으로 전환**
  * 13세 이하 어린이 및 65세 이상 어르신, 임신부 등에 대해 선별적으로 비용지원
  - 치명률이 낮은 상황으로 **고위험군 대상으로** 예방접종현황 관리, 기타 대상에 대해서는 방역상황과 연계하여 **관리범주에 포함 여부** 검토

○ **(조직신설)** 장기 대응을 위해 국가 예방접종 외 예방접종 전반을 전담할 수 있는 **국가 단위 직제 신설 추진**
  - 유사사례 재발 시 TF를 구성하는 비용을 줄이고 정규조직의 업무

한번에 오케이!
보고서 작성법

8화
보고서가 쉬워지는 5단계 레시피

집들이에 손님을 초대해서 식사를 대접한다고 생각해보자.

집들이에도 나름의 단계가 있다.
먼저 어떤 메뉴를 선보일지 고민해야 한다.
기획보고서 작성으로 치면 **방향 잡기 단계**다.

메뉴를 정했으니 요리에 필요한 재료를 알아보고
재료가 신선한지 살펴본다. 바로 분석 단계다.

그다음 본격적으로 요리하기 전에
재료를 손질하고 육수를 만들고

데치거나 삶는 등
미리 해두어야 하는 작업을 끝마친다.
보고서의 전체적인 틀을 짜는 단계다.

8화 보고서가 쉬워지는 5단계 레시피

이어서 손님에게 주력으로 선보일 메뉴에 집중해 요리한다.
핵심을 설정하고 파악하는 단계다.

요리가 끝나면 각각의 음식을 맞는 그릇에 담아 상을 차린다.
구성과 배치를 고민하는 단계, **기획의 레이아웃 단계**다.

마지막은 음식을 덜어
각자 기호에 맞게
조미료나 소스를 추가하는 것이다.

많은 직장인이 간과하지만,
맞춤형 보고서를 완성하기 위해
꼭 필요한 기획보고서의 다듬기 단계다.

기획보고서 작성 과정을 집들이 과정으로 생각하면 훨씬 이해하기 쉽다.

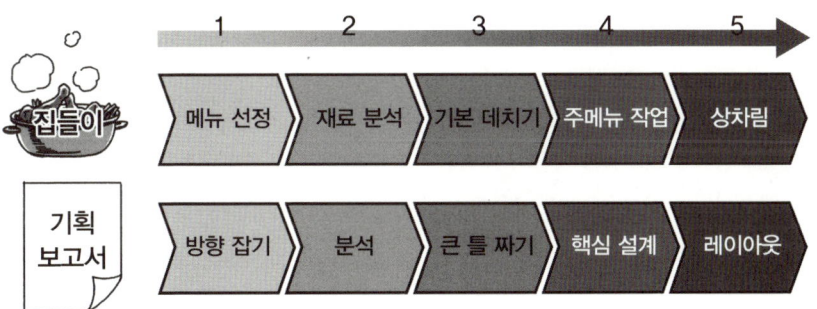

단계를 활용하면 헷갈릴 일이 적고 일의 방향을 잡기 수월하다.
보고서를 작성할 때는 단계를 따르는 편이 효과적이다.

보고서의 단계적 작성법은 건축에도 비유할 수 있다.
일련의 절차 없이 뚝딱 지어진 건물은…

폭삭 무너지기 마련이다.

마지막으로 벽돌을 쌓고 창문을 다는 등 건물 형태를 갖추고, 인테리어 공사를 한다.

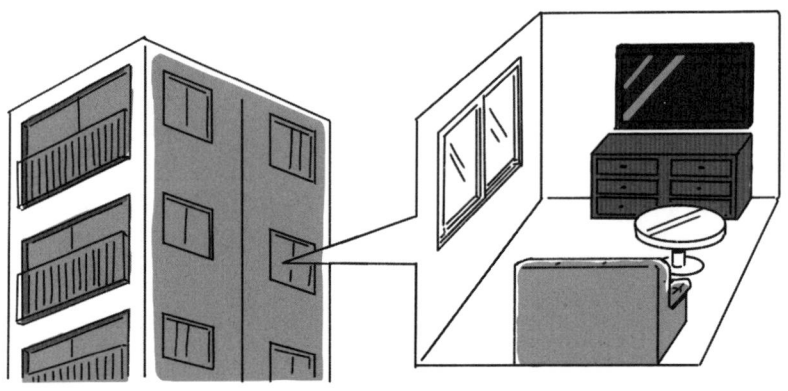

단순한 보고서라도 단계는 필요하다.
물론 모든 단계를 빠짐없이 거쳐야 하는 것은 아니다.

간단한 보고서는 일부 단계를 건너뛰어도 괜찮다.
보고서의 형태와 특성에 따라 융통성을 발휘하는 것이다.

단, 간단 보고서든 정식 보고서든 간에
단계적인 진행이 훨씬 효과적이라는 점은 분명하다.

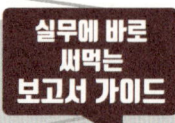

★ 보고서 쓸 때마다 참고하는 단계별 전략

보고서는 번뜩이는 영감을 받아 일필휘지로 작성하는 예술작품과는 거리가 있습니다. 보고서는 표현이 아니라 소통을 위한 수단이기 때문입니다. 어떤 보고서를 쓰던 간에 단계별 전략을 활용할 것을 권합니다. 심지어 창의적인 보고서조차 단계별 전략이 더 유리하다는 걸 명심하세요.

구분	기획 단계	세부 활동	결과물
1단계	방향 잡기	• 지침과 의도 파악 • 보고서 콘셉트 확정 • 보고서 제목 정하기	제목 및 표지
2단계	분석	• 논리적 근거자료와 기초 데이터 정리 • 현상, 원인, 정보 분석	
3단계	큰 틀 짜기	• 보고서 목차 설정 • 논리 흐름 설정	목차 구성
4단계	핵심 설계	• 보고서 카테고리화 • 키워드 활용하여 전체 밑그림 그리기 • 내용상의 요지 구성	핵심항목 및 내용 윤곽
5단계	레이아웃	• 세부 항목 및 내용 배치 • 문장 작성	1차 보고서 완성
이후	다듬기	• 교정 및 다듬기 • 보고서 인테리어 작업	수정 및 보완
	평가 및 활용	• 피드백 • 적용 범위 확정 • 현장 적용성 검토	현장 적용

9화

콘셉트 1도가
기획의 방향을 결정한다

콘셉트 설정에서 가장 중요한 점은 '현실성'이다.
보여주기식 콘셉트, 적당히 끼워 맞춘 콘셉트는 반드시 문제를 야기한다.

첫 단계인 방향 잡기에서는 세 가지를 검토해야 한다.
① **기획 의도**, ② **기획 범위**, 그리고 ③ **기획 대상**이다.

사업을 예로 들면, 사업의 의도(배경 및 필요성)와 더불어

사업 테마, 대상고객,
사업 규모 등을 정한 뒤
사업을 추진해야 한다.

특히 맞춤형 보고서를 작성할 때,
기획 의도 파악은 필수적이다.
콘셉트를 맞추지 않으면 아무리 잘
만들어도 채택되기 어렵다.

콘셉트는 우리말로 개념 또는 생각을 뜻한다.
콘셉트가 없는 보고서는 아무 생각 없이 길을 걷는 것과 같다.

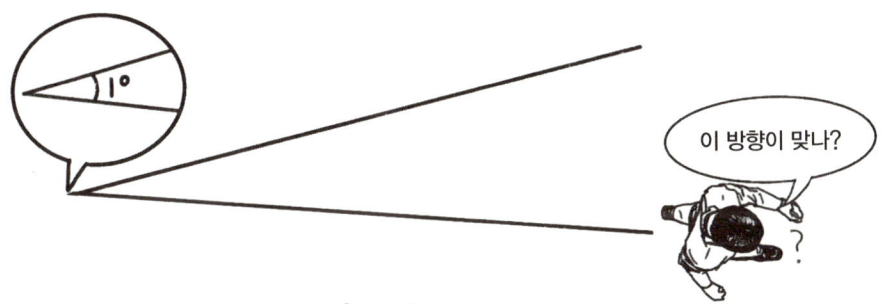

==방향 잡기 단계에는 '1도 이론'이 있다.==
==초기에 방향이 1도만 틀어져도 엉뚱한 곳에 도착할 수 있다는 것.==

9화 콘셉트 1도가 기획의 방향을 결정한다

사업의 방향이 틀어지면 실패를 면하기 어렵듯
보고서 작성에서도 마찬가지다.

콘셉트를 정할 때는 전체를 염두에 두고 방향을 잡아야 한다.

수많은 사람들이
함께 노력하고
많은 비용을 들인 기획이

자칫 수포로
돌아갈 수도 있기 때문이다.

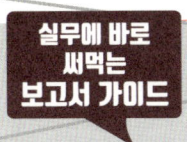

★ 콘셉트 기획, 나도 한번 해보기

콘셉트를 잡는 것은 상품이나 서비스 또는 프로젝트 등이 나아갈 방향성을 잡는 일입니다. 과거에 LG 그룹은 종이도, 칸막이도, 유선도, 고정된 자리도 없다는 '4무(無)'를 콘셉트로 내세웠습니다. '자유롭고 유연한 사무 환경'이라는 인재개발 기획을 잘 보여주는 콘셉트라고 볼 수 있죠.

만약 우리가 새 가전제품을 기획하는 프로젝트를 맡았다고 해봅시다. 저는 세 가지 특징을 가진 가전제품을 기획하고 싶습니다.

① 사용하기에 단순한 인터페이스 → Simple
② 스마트폰과 연동이 되는 기능 → Smart
③ 재기발랄한 포인트가 있는 디자인 → Smile

단어 각각의 첫 글자를 따서 기획 콘셉트를 '3S'라고 이름 붙일 수 있을 겁니다. 자, 이제 여러분의 차례입니다. 여러분의 기획은 어떤 콘셉트일지 한번 생각해보세요.

한번에 오케이!
보고서 작성법

10화

느낌이 확 오는
제목 정하기

제목의 힘은 강력하다.

간판에 이끌려 매장에 들어가고
영화 제목으로
영화를 볼지 말지 결정하고
제목만 읽고 책을 산다.

==상품의 제목은 작은 브랜드와 같다.==
광고 분야에서 카피라이팅이 중요한 이유다.
좋은 제목은 강력한 인상을 남기고 호기심을 자극한다.

다음 제목 세 가지 중에 가장 주목받을 제목은 무엇일까?
단연 ③번 제목일 것이다.

한 애널리스트가 고객들에게 보낸 이메일이 화제가 된 적이 있다.
당시 조회수가 급등하고 종목은 큰 관심을 받는 등
인상적인 제목 덕을 톡톡히 보았다고 한다.

인상적인 제목에는 다섯 가지 요건이 있다.
첫째, 내용을 암시해야 한다.
신문 헤드라인처럼 제목만 읽어도 내용을 짐작할 수 있어야 한다.

둘째, 읽는 이에게 동기를 부여할 수 있을 정도로 강한 호소력이 있는 제목이어야 한다.

셋째, 흥미를 유발해야 한다.
수식어를 활용해 흥미를 끌 만한 포인트를 만드는 것이 좋다.

넷째, 성과나 매출과 직결되면 좋다.
이 콘텐츠를 접했을 때 이득이 될 수 있음을 보여주어야 한다.
지나치지 않는 선에서 포장하는 것도 괜찮다.

마지막으로 트렌드를 반영해야 한다.

시대에 뒤떨어지는 제목은 결코 환영받지 못한다.
트렌드 용어를 익히고 활용해 신선한 제목을 정해야 한다.

한 줄의 제목이 결과를 뒤바꾸기도 하니,
제목을 정할 땐 늘 심사숙고하자.
보고서를 다 쓴 뒤에 제목을 정하는 것도 한 방법이다.

제목은 창의적인 제목과 논리적인 제목으로 나뉜다.
창의적인 제목은 광고나 홍보에, 논리적인 제목은 보고서에 주로 쓰인다.

보고서 제목은 한 줄의 논리적인 제목인 경우가 많지만,
창의적인 수식어를 덧붙여 두 줄로 적기도 한다.

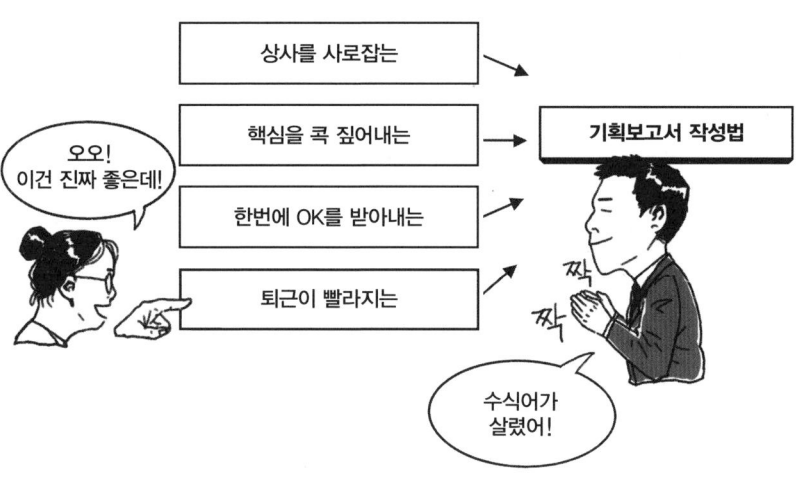

창의적인 수식어로 이목을 끌고,
논리적 제목으로 방향을 암시하는 방식이다.
이런 방식은 신문 헤드라인이나 슬로건 등에 자주 활용된다.

제목에서 느낌이 오면 내용은 더욱 탄력을 받는다.
제목은 시작부터 좋은 점수를 딸 수 있는 기회인 것이다.

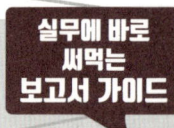

★ 보고서 제목을 정하는 공식

보고서 제목을 정하는 효과적인 공식이 있습니다. 키워드 및 핵심문장의 앞뒤에 수식어를 붙이는 것이죠. 앞에는 목적을, 뒤에는 실행 문구를 붙이면 유연하면서도 돋보이는 제목을 정할 수 있습니다.

이런 방식으로 만든 예시를 가져왔습니다. 어떤가요? 제목 정하는 게 그렇게 어렵지 않죠?

- 보다 효율적인 - 스마트시대를 선도하는 - 행정력을 강화하는	정부 4.0	- 추진계획 - 사업 검토
- 건전한 직장문화를 위한 - 성평등 실현을 위한	직장 내 성희롱 예방 교육	- 활성화 방안 - 실시 계획
- 한번에 오케이를 받는 - 상사를 사로잡는	기획보고서 작성	- 기법 - 스킬
- 지역 산업 활성화를 위한	농촌 테마파크	- 개선방안
- 도심 속 힐링을 위한	호수공원 조성	- 활용방안

분석부터 확실히!
SWOT 분석과
5 WHYS 기법

기획에서 분석 분야는 크게 세 가지이다.
현상 분석, 원인 분석, 정보 분석이 그것이다.

현상 분석은 기획의 타당성을 검토하고 현황을 파악할 때 주로 쓰인다.
원인 분석은 어떤 문제를 근본적으로 해결할 때,
정보 분석은 일반 기획과 문서 작성할 때 주로 활용된다.

각각의 분석을 도와주는 실용적인 도구를 살펴보자.
현상 분석을 위한 도구로는 'SWOT 분석'이 있다.
SWOT 분석은 사업 타당성을 검토하는 도구로 많이 이용된다.

경영 환경을 내부와 외부로 구분하고
내부는 강점(Strength)과 약점(Weakness)으로,
외부는 기회(Opportunity)와 위협(Treat)으로 나누어 분석하는 기법인데,

내부	외부
강점(S), 약점(W)	기회(O), 위협(T)

정치인이 출마 지역을 분석할 때, 연예인이 마케팅 전략을 정할 때 등등
SWOT 분석은 광범위하게 활용된다.

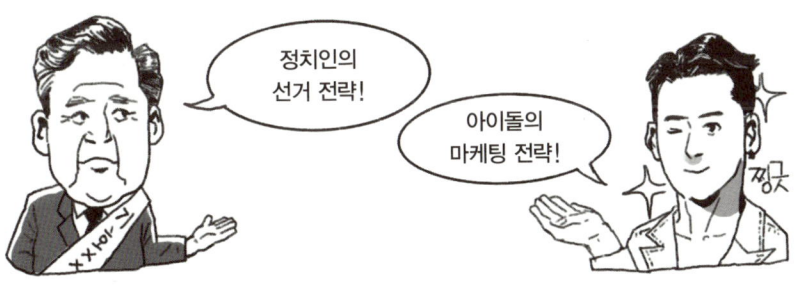

11화 분석부터 확실히! SWOT 분석과 5 WHYS 기법

강점과 기회를 강화하고, 약점과 위협을 개선하는 식으로

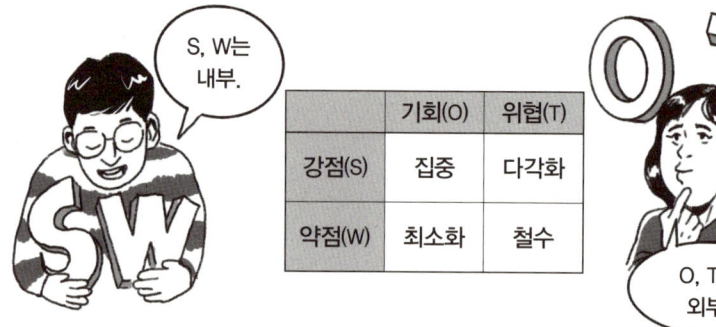

네 가지 요소를 조합하여 구체적인 전략을 짜기에 유용하기 때문이다.

예를 들어 설명해보자.
드론이 전면적으로 도입된
세상(드론 세상)이라는
외부 요인과,
드론 기술의 보유 여부
(드론 기술)라는
내부 요인이
있다고 치자.

- SO 환경: 내게 드론 기술이 있고 드론 세상이라면,
  모든 역량을 드론 사업에 집중한다.

- ST 환경: 드론 기술이 있으나 드론 세상이 아니라면,
  드론 기술을 다각도로 활용해본다.

- WO 환경: 드론 기술이 없는데 드론 세상이라면,
  역량이 갖춰질 때까지 사업을 보류하거나 최소화한다.

- WT 환경: 드론 기술이 없고 드론 세상도 아니라면,
  사업은 불가능할 테니 철수해야 한다.

	기회(O)	위협(T)
강점(S)	드론 기술 O 드론 세상 O [집중]	드론 기술 O 드론 세상 X [다각화]
약점(W)	드론 기술 X 드론 세상 O [최소화]	드론 기술 X 드론 세상 X [철수]

이렇듯 SWOT 분석을 통해 사업 타당성을 판단하고,
이에 맞게 구체적인 경영 전략을 수립할 수 있다.

기획보고서도 SWOT 분석을 한 뒤에 전략적인 판단을 하면 좋다.
SWOT 분석은 이익을 늘이고 리스크를 줄이는 데 큰 도움을 준다.

다음은 원인 분석의 대표적인 도구인 '5 WHYS 기법'이다.
글로벌 컨설팅기업인 맥킨지에서 강조하는 원인 분석 기법으로,
겉으로 드러나지 않는 근본 원인을 파악하기 위해 활용된다.

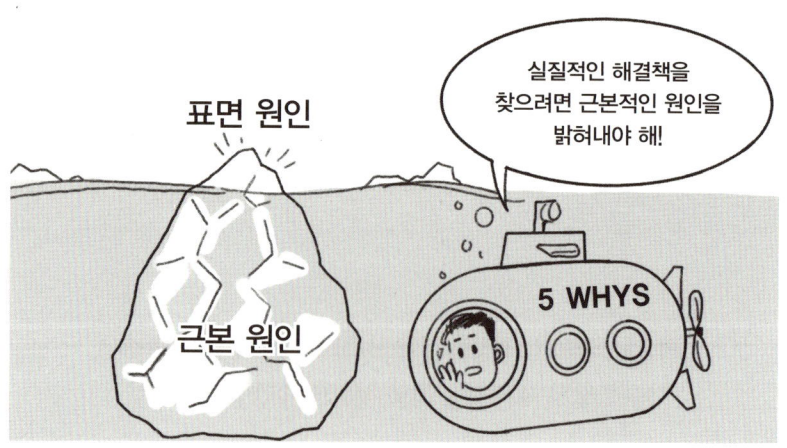

5 WHYS 기법은 끝말잇기를 하듯 '왜?'라는 물음을 계속하며 근본 원인을 찾아내는 방법이다. 예를 들어, 복도 바닥이 자꾸 지저분해지는 원인을 알아내고자 한다고 치자.

① 왜 바닥이 더러울까? 사람들이 커피를 많이 흘려서.
② 왜 커피를 흘릴까? 커피를 들고 이동해서.
③ 왜 커피를 들고 이동할까? 자판기 앞에 마실 공간이 없어서.
④ 왜 공간이 없을까? 대형 화분이 공간을 차지하고 있어서.

해결방안: 대형 화분을 다른 곳으로 옮긴다.

이렇게 다섯 번까지 '왜?'를 묻다 보면,
그 과정에서 문제 해결의 실마리를 찾을 수 있다.

마지막으로 정보 분석은 보고서의 기초 자료(Raw Data)를 찾는 과정이다.
탄탄한 보고서를 위해서는 유용한 정보가 필수적이다.

보고서를 잘 쓰는 방법 가운데 하나는
'그곳에 가면 OO가 있다'는 정보의 원천, 이른바 정보원을 아는 것이다.

정보를 잘 아는 노하우(Know-How)보다
정보를 잘 찾아서 활용하는 노웨어(Know-Where)가 중요한 세상이다.
정보의 홍수에서 꼭 필요한 정보를 찾아 기획보고서를 작성해보자.

실무에 바로 써먹는 보고서 가이드

★ SWOT 분석 더 알아보기

SWOT 분석에서 강점과 약점은 내부 요인, 기회와 위협은 외부 요인에 해당합니다. 보고서뿐만 아니라 타당성을 검토해 전략을 수립하고 의사결정을 도와줄 수 있는 유용한 분석 도구죠. 만약 여러분이 카페를 창업할 계획이라고 가정합시다. 다음과 같이 현재 상황을 분석해볼 수 있을 겁니다.

내부 요인 / 외부 요인

	내부 요인	외부 요인	
강점 (S)	• 바리스타 대회에서 입상 경력 • 카페 운영 경험이 있음 • 사업 의지 충만	• 주변에 기업, 관공서가 많음 • 입지 조건 양호	기회 (O)
약점 (W)	• 차별화된 콘셉트 부족	• 자본금이 적음 • 인접한 곳에 프랜차이즈 카페가 있음	위협 (T)

분석에서 그쳐서는 안 되겠죠? 강점과 기회는 강화하고 약점과 위협은 보완하는 방식으로 이후의 전략을 모색해야 합니다. 예를 들어보죠.

		분석 현황	강화 및 보완
내부 요인	강점 (S)	• 바리스타 대회 입상 경력 • 카페 운영 경험 있음	소셜미디어를 통해 이력과 경험을 어필
	약점 (W)	• 차별화된 콘셉트 부족	브랜딩 전문가의 도움을 받음
외부 요인	기회 (O)	• 주변에 기업, 관공서 등이 많음 • 입지 조건 양호	쿠폰, 멤버십 등 마케팅 방안을 통해 단골 확보에 힘씀
	위협 (T)	• 자본금이 적음 • 인접한 곳에 프랜차이즈 카페가 있음	고정비를 줄일 수 있는 방안 강구 원두, 메뉴 등에서 차별화 방안 모색

SWOT 분석의 목적은 내부 장점과 외부 기회를 적극 살리고 내부 약점과 외부 위협은 제거하거나 개선하는 전략을 모색하는 데 있습니다. 네 가지 요인을 조합하여 강점·기회가 많은 사업은 적극 실행하고, 단점·위협이 많은 사업은 다각화하거나 보류 또는 철수하는 전략을 취할 수 있습니다. 단, 지금의 약점이나 위협을 잘 개선한다면, 오히려 좋은 변화의 계기가 될 수 있다는 점도 명심해야겠죠.

★ 5 WHYS 기법 더 알아보기

회의는 분명 다양한 의견을 나누고 창의적인 해결방안을 찾는 수단입니다. 그렇지만 회의를 위한 회의는 창의성은커녕 비효율적이며 생산성을 낮출 뿐입니다. 이 문제를 어떻게 해결하면 좋을까요? 5 WHYS 기법을 도입해봅시다.

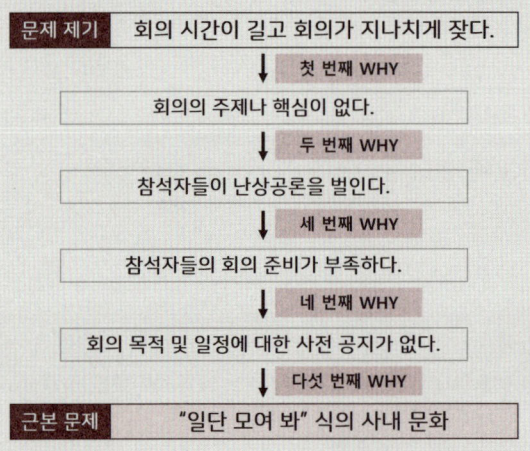

다섯 번째 WHY에 이르러서 결국 '문제만 생기면 회의부터 하는 사내 문화'가 근본 원인이었음을 알게 되었네요. 근본 원인을 파악한다면 해결하는 것은 훨씬 쉽습니다. 이 예에서 생각해보자면, 직원들이 유연하게 회의에 임할 수 있도록 독려하는 사내 규칙과 제도를 만들어야겠죠?
참고로 상황에 따라 다섯 번까지 WHY를 묻지 않더라도 근본 원인을 파악하는 경우도 있고, 더 많은 단계의 WHY가 필요한 경우도 있답니다.

12화

보고서의 흐름을 잡아주는 뼈대 S-D-S 구조

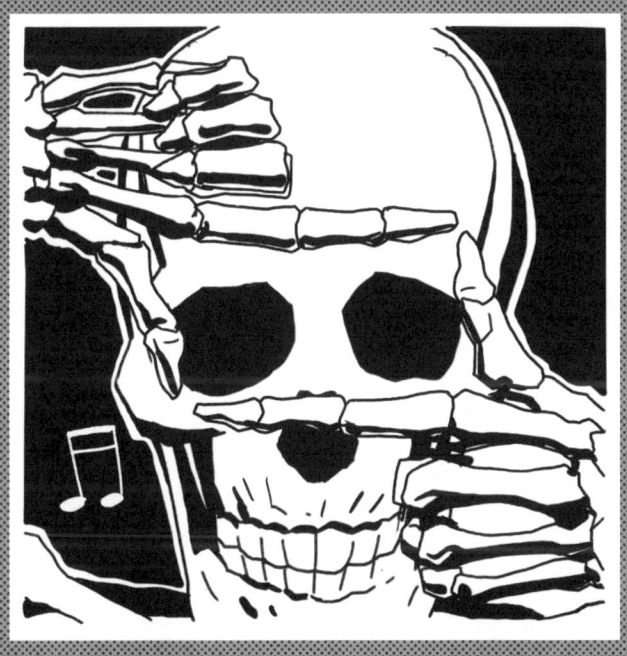

건물이 안전하려면 골조가 잘 잡혀 있어야 하고,

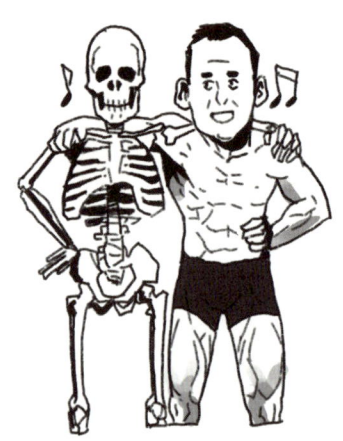

사람이 건강하려면 뼈가 튼튼해야 한다.

보고서에서 뼈대에 해당하는 부분이 바로 '큰 틀'이다.
'큰 틀'을 짠다는 것은 보고서의 뼈대를 만드는 것을 뜻한다.

비슷한 표현으로
'맥락을 설정한다', '프레임을 짠다', '흐름을 잡는다'라고도 한다.

보고서의 큰 틀은
내비게이션과 같다.

내비게이션이 고장나거나 엉터리면 엉뚱한 길로 들어서게 되듯
큰 틀을 잡지 않으면 보고서도 길을 잃는다.

==큰 틀을 짜는 것을 기획에서는 '로드맵(Road Map) 설정'이라고 한다.==
로드맵은 앞으로의 계획에 대한 구상도 또는 청사진이라는 뜻이다.

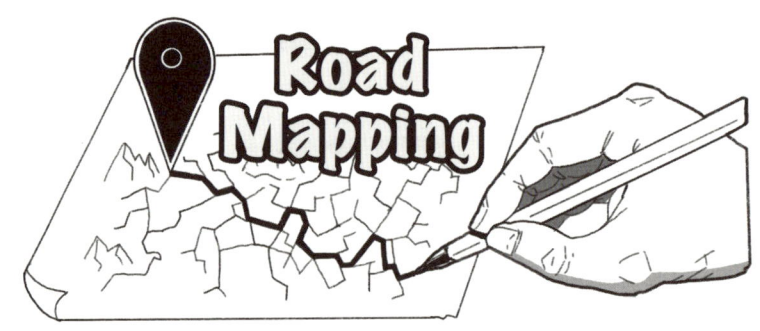

잘 짜인 로드맵은 보고서가 처음부터 끝까지 궤도를 이탈하지 않고 잘 흘러가게 한다.

서론-본론-결론의 논리를 원활하게 하고, 분량을 조절할 때도 유용하다.

반면 로드맵이 불분명하고
흐름이 명확하지 않은 보고서는 내용이 산만해진다.

보고서에서 로드맵을 구체화한 것이 목차다. 목차는 제목을 뒷받침하고
전반적인 내용의 흐름을 파악할 수 있는 큰 틀이다.

목차가 있어야 내용이 짜임새 있게 전개될 수 있다.

기획보고서에서 가장 전형적인 큰 틀은 서론-본론-결론이다. 가장 안정감을 주는 논리로, 도입-전개-결말이라고도 한다.

4단이나 5단의 논리도 있다.

기-승-전-결은 4단, 발단-전개-위기-절정-결말은 5단 구성이다.

전자는 연설문이나 판결문에서, 후자는 소설이나 드라마에서 자주 등장한다.

보고서는 3단 구성이 무난하다.

==3단 구성을 활용할 때는 'S-D-S 논리'를 적용해보자.==
서론에서 전체를 요약(S, summary)하고,
본론에서 구체적인 내용(D, detail)을 기술하고,
결론에서 실행 방향성(S, solution)을 제시하는 구성이다.

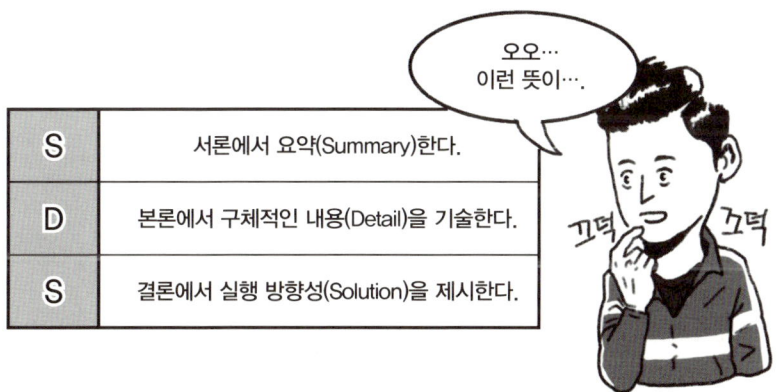

예를 들어 설명하면, 서론에서 숲의 형태를 구상하고
본론에서 어떤 나무를 심을 것인지 생각하고
결론에서 방향성에 맞게 실행하는 것이다.

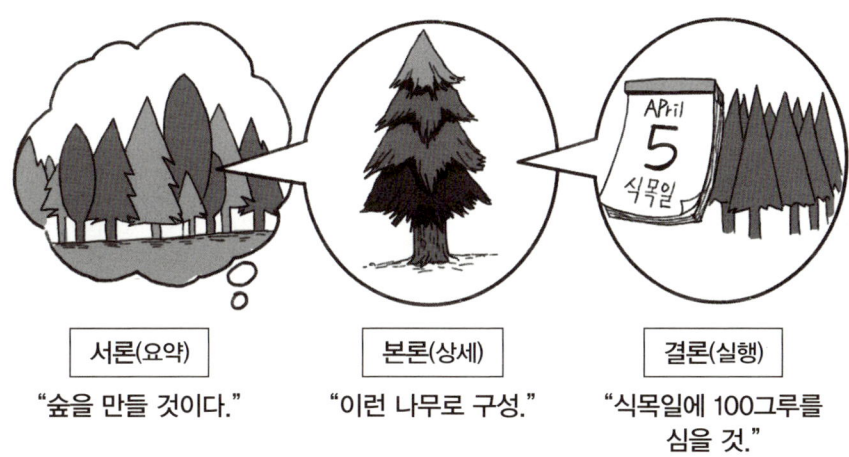

S-D-S 논리에 맞는 구성 요소를 정리하면 다음과 같다.

구분	논리전개	내용	비고
서론	Summary (요약)	• 배경, 필요성, 중요성, 이슈 • 개요 • 환경 분석	So What
본론	Detail (상세)	• 수행범위 • 실질적 내용, 결과물 예시 • 데이터 및 구체적 증빙 자료 • 사례 및 부가 정보	Why so
결론	Solution (실행)	• 실행계획 • 기대효과 및 이익(서론에 포함 가능) • 방해 요인, 개선 및 발전 방향 • 기타 고려사항, 건의사항 등	How to

어떤 형태든 흐름이 깨지면 안 된다.

보고서의 내용은 마치 구렁이가 담을 넘어가듯 자연스러워야 한다.

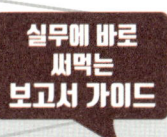

★ S-D-S 논리 적용해보기

```
[향후 발전 방향]  [스마트개발사업 특장점]  [스마트개발사업 실적]
[사업 실적 근거자료]  [스마트개발사업 범위]  [추진상의 고려사항]  [사업 기대효과]
[사업 개요]  [세부 추진 일정]  [사업추진 배경]
```

위 자료는 아무렇게나 늘어놓은 사업 보고서의 목차입니다. 이를 S-D-S 논리로 재배치해보겠습니다.

먼저 S(요약)에 해당하는 목차를 찾아봅시다. 가장 앞에 위치하는 건 '머리 기획'으로, 환경 변화, 트렌드, 배경, 심각성, 필요성, 중요성, 주요 이슈 등입니다. 머리 기획을 제시한 뒤 개요를 풀어내면 좋습니다. 사업추진에 대한 '기대효과'도 앞부분에서 이야기하면 좋습니다. 서론만 읽어도 전체 내용을 파악할 수 있도록 하는 것이죠. S에 해당하는 항목은 다음과 같습니다.

```
[사업추진 배경]
[사업 개요]
[사업 기대효과]
```

다음은 본론인 D(세부사항)입니다. 구체적인 내용, 근거, 실제 사례 등을 제시하여 결론을 뒷받침하는 부분입니다. D 목차 안에서도 더 적합한 논리의 순서가 있을 수 있습니다. 저는 다음과 같이 정리해보았습니다.

```
[스마트개발사업 특장점]
[스마트개발사업 범위]
[스마트개발사업 실적]
[사업 실적 근거자료]
```

결론인 S(해결책)를 찾아봅시다. 앞으로의 실행 방향성, 즉 '그래서 어떻게(How to) 할 것인지'와 관련된 목차를 모으면 됩니다. 실행 방향성은 거시적인 방향을 우선 제시하는 편이 좋습니다. 서론에 '머리 기획'이 있다면 결론에는 '꼬리 기획'이 있습니다. 보고서의 맨 끝에 붙는 내용으로 행정사항, 기타사항, 고려사항, 협조사항, 건의사항, 착안사항 등입니다.

향후 발전 방향

세부 추진 일정

추진상의 고려사항

자, 이제 세 부분을 종합해봅시다. 가장 전형적인 목차 구성이니, 여러분이 보고서를 작성할 때도 참조할 수 있을 겁니다.

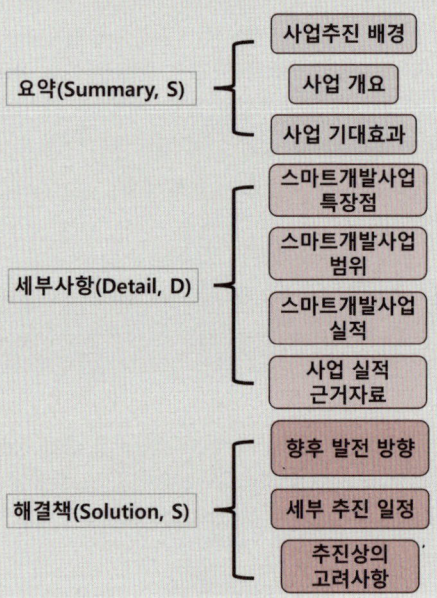

13화

MECE 기법으로
핵심 파악하기

우리는 일상에서 핵심이 없으면
아무것도 아니라는 듯이 핵심을 강조한다.

핵심은 알맹이다. 핵심이 빠진다면 그야말로···

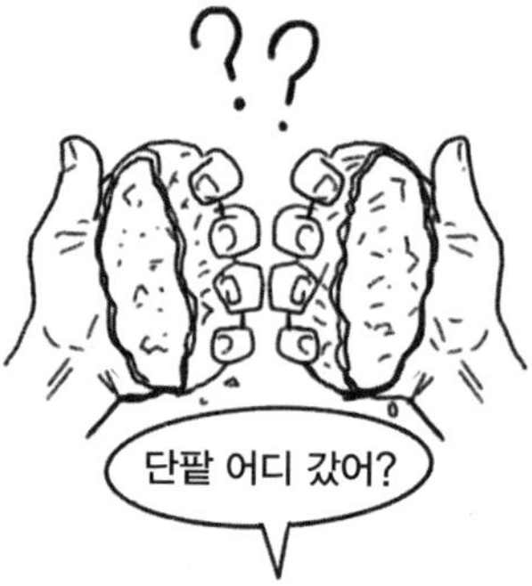

단팥 없는 찐빵

물이 마른 오아시스

돈이 없는 금고와 같다.

보고서에서 핵심은 핵심 단어와 핵심 문장이다.
핵심 설계는 핵심 단어와 문장을 구조화하는 작업이라고 할 수 있다.

핵심 설계 이론으로 맥킨지에서 쓰이는 'MECE 논리 구조화'가 있다. 개념의 중복과 누락 없이 핵심을 파악하는 방법으로, 기획을 할 때 특히 많이 활용되는 논리적 사고 기법이다.

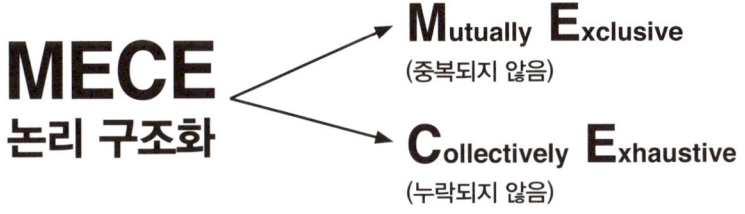

13화 MECE 기법으로 핵심 파악하기

각각을 예시를 통해 알아보자. 먼저 ME(중복 회피)이다.

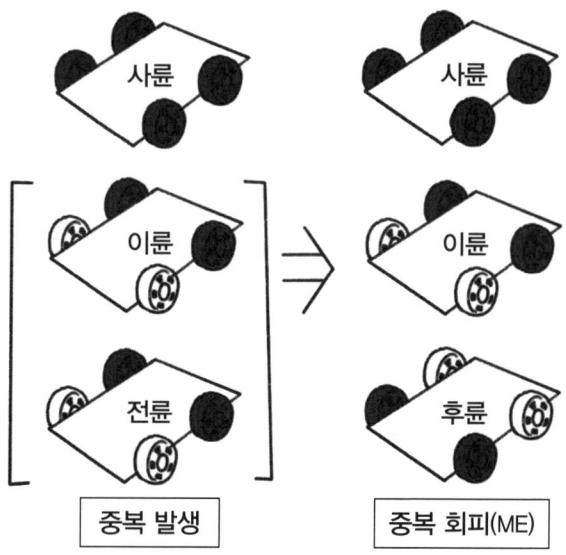

자동차의 구동 방식을 이륜, 사륜, 전륜으로 분류하면, 이륜과 전륜이 중복된다. 이륜구동 방식은 전륜구동과 후륜구동을 포함하기 때문이다.

따라서 사륜구동, 후륜구동, 전륜구동으로 분류해야 중복이 없다.

즉, ME를 충족한다.

다음으로 CE(누락 회피)의 개념을 알아보자.
자동차를 대형차, 준중형차, 소형차로 분류하면 중형차를 놓치게 된다.
결과적으로 CE(누락 회피)에 어긋난다.

이번에는 MECE를 함께 이야기해보자.
인사평가 항목을 다음과 같이 분류했다고 치자.

영어를 잘하는 직원	컴퓨터를 잘 다루는 직원
외국어를 잘하는 직원	프레젠테이션을 잘하는 직원
회화에 능통한 직원	회의를 잘 진행하는 직원
→ 중복 발생	→ 누락 발생

영어와 외국어 항목은 중복되었고,
컴퓨터 능력이나 프레젠테이션 능력 등은 누락되었다.
MECE가 충족되지 못한 것이다.

MECE는 패키지 상품과 같다.
중복 회피와 누락 회피를 동시에 추구해야 한다.
어느 한 부분이 중복되어서도, 누락되어서도 안 된다.

MECE 논리 구조화 기법을 통해
비슷한 항목끼리 묶어 카테고리를 만들 수 있으며,

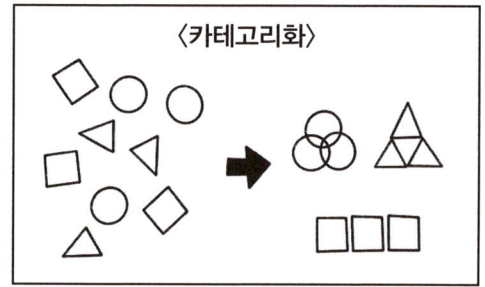

이렇게 정리된 카테고리는
핵심항목을 선정하는
밑바탕이 된다.

카테고리화는 우선 다양한 정보를 펼쳐놓는 '아이디어화'로 시작한다.
그다음 순서대로 배치하는 '나열화'를 거쳐
비슷한 속성끼리 묶는 '구조화'로 완성한다.

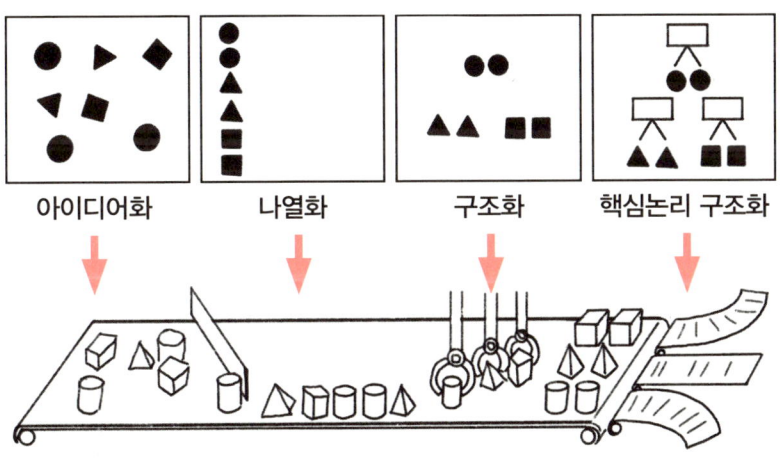

보고서의 목차는 큰 타이틀과 서브 타이틀로 이뤄져 있다.
이때, MECE 기법을 이용해 핵심항목을 선정해
서브 타이틀을 구성해야 한다.

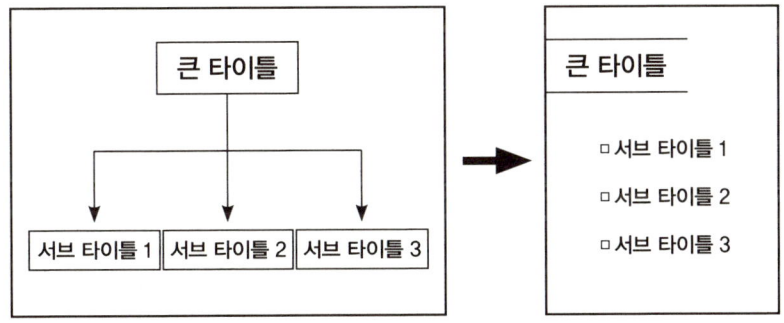

핵심항목을 제대로 설정하지 못한 예는 다음과 같다.
왼쪽 예에서 큰 타이틀과 서브 타이틀의 중복이,
오른쪽 예에서 비교 도표의 누락이 발생했으므로 바람직하지 않다.

동일한 항목 중복 발생   중요한 비교 도표 누락 발생

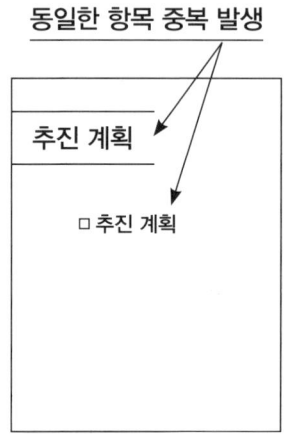
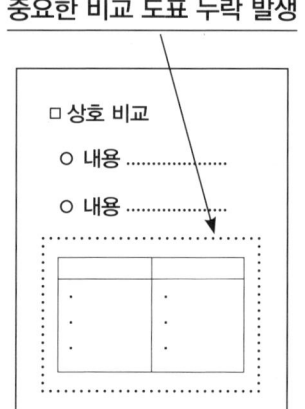

'핵심'은 아무리 강조해도 지나치지 않는다.
보고서 작성에는 이런 말이 있다.

"핵심이 갑이다."

"핵심만 붙잡으면 1,000매를 1매로 줄일 수 있고,
핵심만 있으면 1매를 1,000매로 늘릴 수도 있다."

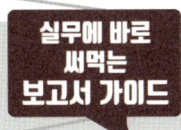

★ MECE 논리 구조화 기법 적용해보기

MECE 논리 구조화 기법은 핵심항목을 설정할 때 꼭 필요합니다. 이는 기획서나 제안서뿐만 아니라 일상적인 상황에서도 널리 활용될 수 있습니다. 예시를 통해 알아보도록 하죠. 김 과장이 홍 이사에게 해외 출장의 경과를 보고하려고 합니다. MECE 논리 구조화 기법을 활용하지 않고 두서없이 작성한 이메일은 다음과 같습니다.

받는 사람: 홍 이사님(hong24@bogoseo.net)
참조:
제목: 베트남 출장 경과 보고
파일첨부:

안녕하세요 홍 이사님,
출장 경과 보고드립니다.

저는 현재 베트남 다낭에 있습니다.
금일 B유통사를 방문하여 자사 간편조리식(HMR) 사업 라인업을
현지에서 어떻게 구축하고 유통할 것인지에 대한 방안을 논의했습니다.

현지에서 자사의 브랜드 이미지가 상당히 긍정적입니다.
베트남의 간편조리식 시장 규모는 매년 10% 이상 성장하는 추세이며,
특히 2030대에게 인기가 있어 이들을 위한 맞춤형 간편조리식 상품을 기획해볼 수 있을 것 같습니다.

내일 자사 간편조리식 사업 현황 및 베트남 현지화를 하기 위한 방향을 모색하는 브리핑을 진행하려고 합니다.
좋은 반응이 있다면 장기적으로 자사 제과 및 음료 라인업의 유통 가능성도 기대해볼 수 있을 듯합니다.

중요 일정을 끝마친 뒤 결과 보고드리겠습니다.
감사합니다.

김 과장 드림.

주요한 내용은 잘 포함했으나, 구조화가 안 되어 있어 한눈에 이해하기 어렵죠. 이럴 때 MECE 논리 구조화 기법을 통해 핵심항목을 설정할 수 있습니다. 항목별로 내용을 채울 때 누락되거나 중복되는 게 없는지 유의해야 합니다. 핵심항목으로 정리하면 다음 페이지와 같습니다.

받는 사람:	홍 이사님(hong24@bogoseo.net)
참조:	
제목:	베트남 출장 경과 보고
파일첨부:	

안녕하세요 홍 이사님,
출장 경과 보고드립니다.

• 개요
- 현재 베트남 다낭에서 현지 B유통사 방문
- 자사 간편조리식(HMR) 라인업의 현지 구축과 유통 방안에 대한 논의를 진행함

• 특이사항
- 현지에서 자사 브랜드 이미지가 매우 긍정적임
- 베트남 간편조리식 시장 매년 10% 이상 성장 중
- ※ **2030대를 공략할 맞춤형 HMR 상품 전략이 유효할 것으로 판단됨**

• 이후 계획
- 27일 자사 HMR 사업 현황과 현지화 전략에 대한 브리핑을 진행할 계획임
- 긍정적 반응 시 향후 제과 및 음료 라인업의 유통 가능성도 기대해볼 수 있음

* 해당 일 브리핑 후 곧바로 결과 보고하겠음.

김 과장 드림.

MECE를 통한 핵심항목 설정

14화

보고서에 살을 붙이는 레이아웃의 기술

보고서는 빼빼 마른 것보다 적당히 살이 붙은 것이 좋다.

내용을 레이아웃하는 것은 살을 찌우는 과정에 비유할 수 있다.
레이아웃이 잘되면 균형 있고 짜임새 있는 모습을 연출할 수 있다.

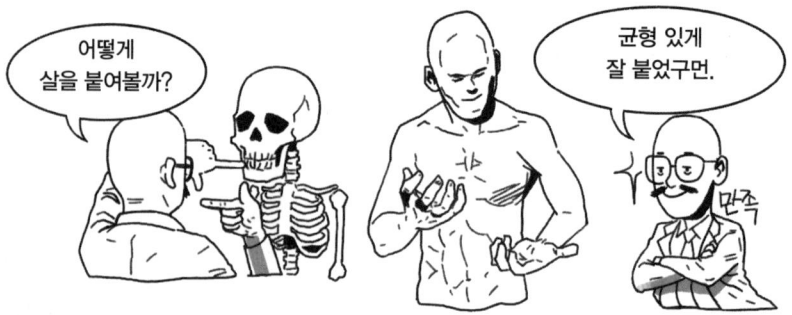

레이아웃 과정에서 전반적인 내용을 정하고 세부내용에 대한 초고를 완성한다. 상품으로 이야기하면 포장 전 단계라고 할 수 있다.

레이아웃과 관련한 이론으로 MECE 논리 구조화 기법의 후속작이 있다.
바로 로직트리(Logic-Tree) 기법인데,

내용을 큰 항목-중간 항목-작은 항목-세부항목으로,
또는 대분류-중분류-소분류-최소분류로 배치하는 방법이다.

생태계의 먹이사슬이나

마피아의 조직도를 떠올리면
이해하기 쉬울 것이다.

어떤 보고서든 로직트리의 네 단계 원칙을 적용하면, 경중에 맞게 내용을 적절히 배치할 수 있다.

보고서 내용을 배치할 때 실수하기 쉬운 사항들이 있다.
첫째, 필수적인 내용을 누락해선 안 된다.

둘째, 산만함을 보이면 안 된다.
이리저리 두서없이 내용을 쓰는 것은
보고서를 작성할 때 가장 주의해야 할 점이다.

셋째, 사족(蛇足)과 같은 불필요한 내용을 배제해야 한다.

넷째, 예전 보고서나 남의 것을 그대로 베끼지 말아야 한다.

마지막으로, 보고서를 쓴 뒤에 지나치게 자만하지 말아야 한다.
상대방이 인정해야 좋은 보고서다.

잘 쓴 보고서는 균형 잡힌 얼굴과도 같다.
내용이 한눈에 들어오려면 전체적인 균형과 조화를 이루어야 한다.

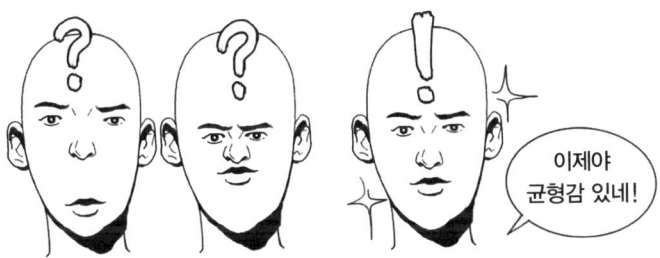

보고서 레이아웃이 완성되었더라도 다시 검토하고 다듬어야 한다.
보고서를 출력해서 꼼꼼하게 살펴보는 것도 좋은 방법이다.

그래도 레이아웃을 했다는 건 일차적인 완성을 마친 것이다.
여기까지 잘 수행했다는 것을 인정해주는 직장 문화도 필요할 것이다.

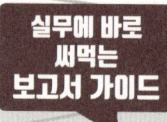

★ 한눈에 쏙! 로직트리의 힘

우리가 일상에서 흔히 찾아볼 수 있는 로직트리는 조직 편성도입니다. 아래는 가상의 금융기업이 사내 조직구조를 설명하는 글입니다. 어떤가요? 무슨 부서가 있고 그 부서가 어떤 역할을 하는지 알기 어렵죠.

> TA금융그룹은 투자자의 이익 창출을 최종 목표로 금융사업과 지원사업을 주축으로 한 다양한 사업을 진행하고 있습니다. 금융사업부는 금융사업 전반을 기획하고 지원업체 선정 및 사업 이익구조를 개선하는 역할을 수행합니다. 개인 및 법인 대출 지원, 예치금 관리, 수익을 관리하고 이를 재투자하는 사업은 TA저축은행에서 담당하고 있습니다. TA금융그룹은 금융사업 외 지원사업으로 상조사업부와 공제조합을 운영하며 관련 사업을 전개하고 있습니다. 상조사업부는 원스톱 장례 서비스, 장례 인프라 지원, 상조 문화진흥사업을 주축으로 운영되는 부서입니다. 공제조합은 호텔 및 골프장을 운영하고 새로운 투자 모델을 발굴하며 회원사의 운영을 지원하는 업무를 수행하고 있습니다.

구구절절 적힌 내용을 로직트리로 풀어낸다면 사내 조직구조, 각 부서의 기능 및 역할을 잘 보여주는 조직 편성표를 만들 수 있습니다. 로직트리 기법은 보고서의 내용을 카테고리별로 묶어 논리적으로 체계화하는 데 큰 장점이 있습니다. 이를 통해 전체 내용을 한눈에 파악하고 항목 간의 관계, 우선순위 등을 이해할 수 있죠. 이때, 앞서 배운 MECE의 원칙에서 벗어나면 안 된다는 점을 명심하세요. 자, 로직트리로 정리한 조직 편성표는 다음과 같습니다.

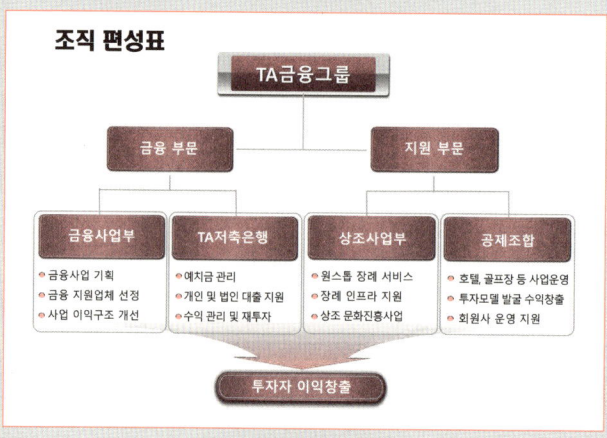

끌리는 보고서의 비결은 다듬기에 있다

보고서는 다듬은 보고서와 다듬지 않은 보고서로 나뉜다.

다듬기에 소홀하면
보고서의 품위가 떨어지고

단순한 오탈자 하나로
비극이 발생하기도 한다.

일반적으로 다듬기는 글쓰기의 영역이다.
보고서는 대부분 문장으로 이뤄져 있으니 중요할 수밖에 없다.

다듬기 = 글쓰기 = 문장 작성

직장인 글쓰기를 '비즈니스 라이팅(Business Writing)'이라고 한다.
줄여서 '비즈 라이팅(Biz Writing)'이라고도 부른다.

Biz + Writing
직장인   글쓰기

비즈니스 라이팅은 일상의 글쓰기와 달리
쉽고 간결하면서 집단을 대변할 수 있도록 품위가 있어야 한다.
시, 소설, 대학교 리포트나 논문과는 차이가 있다.

직장인들은 글쓰기가
서툴고 어렵다고만 한다.

글쓰기에 대한
부담감이 크고

경험 부족으로
익숙하지 않고

제대로 된 글쓰기 교육이
전무하거나 부족하기 때문이다.

글은 완성도를 높여 신뢰감을 줘야 한다.
완성도가 떨어지는 보고서는 마무리 공사를 하지 않은 건축물과 같다.
세련된 인테리어를 하듯 글을 다듬어야 한다.

보고서의 글은 해당 문서에 맞는 용어를 사용해야 한다.

다듬기를 할 때는 적합한 용어가 무엇일지 생각하고,
혼란이나 물의를 일으킬 수 있는 용어 사용을 충분히 주의해야 한다.

15화 끌리는 보고서의 비결은 다듬기에 있다

틀에 박히고 흔해 빠진 상투적 표현이나

감성적인 글,
유연하지 못한 투박한 용어도
자제해야 한다.

글쓰기 다듬기는 잘 만든 도자기에 매끄러운 유약을 바르는 것과 같다.
이를 통해 보고서의 가치가 더욱 높아지는 것이다.

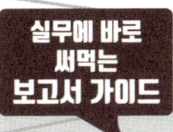

★ 보고서를 완성하는 다듬기 7원칙

마지막 다듬기는 보고서의 완성도를 높여줍니다. 특히 공문서의 경우 다듬기를 더 신경 써야 합니다. 많은 사람이 읽는 만큼 맞춤법을 준수했는지, 가독성이 있는지가 중요하기 때문이죠. 다음은 채용 공고문의 일부입니다.

〈행정사항〉

가. 8월 15일 전에는 응시원서를 접수할 수 없습니다.
나. 입사지원서 기재사항 및 경력, 실적 등의 내용이 일치하지 않거나 허위사실로 판명되는 경우 당해 채용이 정지되거나 합격 결정이 취소됩니다.
다. 응시자는 자신이 업무 분야와 자격요건 등에 적합한가를 우선 먼저 판단하여 입사지원서를 제출하기 바라며, 제출된 서류는 절대로 일체 반환하지 않습니다.
라. 본 채용은 인사팀의 T.F.T를 통해 이루어지며, 최종합격자에게는 개인별 파견수당 3,000,000원을 지급합니다.
마. 본 채용계획은 불가피한 사정이 발생되는 경우 변경될 수 있으며 변경된 사항은 개별 송부합니다.
바. 심사 결과 해당 분야의 적임자가 없는 경우 채용을 안 할 수도 있습니다.
사. 자세한 사항은 본사에서 발행한 카다로그를 참조하시고 신청은 되도록 메일로 하여 주십시오.

충분히 읽고 무슨 뜻인지 이해할 수 있는 공고문의 뒷부분에 첨부된 행정사항입니다. 그렇지만 다듬기를 거치면 훨씬 매끄러워질 수 있습니다. 다듬기에 도움을 주는 7원칙을 소개합니다.

① 부정형 대신 긍정형 문장
② 수동형 대신 능동형 문장
③ 중복되는 단어 삭제
④ 약어는 풀어 쓰고 숫자 표기는 올바르게
⑤ 바람직한 용어 사용
⑥ 구어체 대신 문어체
⑦ 외래어 표준어 사용, 오탈자 주의

이런 원칙을 토대로 공고문을 다듬어볼까요? 수정된 공고문을 살펴보며 어떤 원칙이 적용되었는지 생각해보세요. 그리고 더 다듬을 수 있는 부분이 있을지 생각해보세요.

〈행정사항〉

가. 8월 15일 이후에 응시원서를 접수할 수 있습니다.
나. 입사지원서 기재사항 및 경력, 업무수행실적 등의 내용이 사실과 일치하지 않거나 허위사실인 경우 채용을 정지하거나 합격 결정을 취소합니다.
다. 응시자는 자신이 업무 분야와 자격요건 등에 적합한가를 먼저 판단하여 입사지원서를 제출하기 바라며, 제출된 서류는 일체 반환하지 않습니다.
라. 본 채용은 인사팀의 T.F.T(Task Forced Team)를 통해 이루어지며, 최종합격자에게는 개인별 파견수당 3백만 원을 지급합니다.
마. 본 채용계획은 불가피한 사정이 발생한 경우 변경될 수 있으며 해당 사항은 추후 개별 통보합니다.
바. 심사 결과 해당 분야의 적임자가 없는 경우 채용하지 않을 수 있습니다.
사. 자세한 사항은 본사에서 발행한 카탈로그를 참조하시고 신청은 되도록 메일로 하여 주십시오.

16화

기본이자 필수!
기안서 작성하기

'기안(起案)'은 사업이나 활동의 초안(草案)을 만든다는 뜻이다.
기안서는 결재나 의사결정을 이끌어내기 위한 문서의 초안이다.

각종 보고서는 기안 작업을 거쳐 보고하는 경우가 많고,
기안서에 관련 보고서를 첨부하기도 한다.
보고를 목적으로 하는 기안서는 곧 보고서라고 할 수 있다.

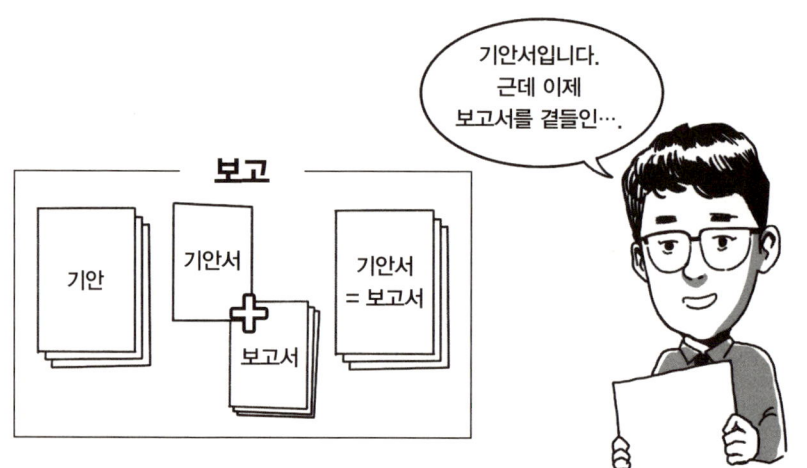

기안서는 공문서의 한 종류이다.
공문서는 공적으로 작성한 모든 문서를 가리키는데,
기안서, 품의서, 공문으로 분류된다.

기안서가 의사결정 및 결재를 위한 초안이라면,

풍의서는 결재받은 사안을 조치 및 집행하기 위해 동의를 구하는 문서다.

최근에는 의사결정을 신속하게 내리기 위해서 기안서와 품의서를 동일하게 보기도 한다.

기안서와 품의서의 결재가 끝나면 공문을 작성해 모두가 회람할 수 있도록 전파한다.
<mark>공문은 기안서와 품의서의 시행을 요구하는 발송 문서라고 할 수 있다.</mark>

이 중에서 최초 문서인 기안서가 가장 중요하다.
작은 문구류 하나를 사는 것부터 경영이나 정책 실행에 이르기까지 기안서를 쓰지 않고는 아무것도 할 수 없다.

기안서의 기본 양식은 비교적 정형화되어 있지만,
조직마다 세부 구성 요소는 조금씩 다르다.
기안서를 전자결재로 처리하는 곳도 많다.

기안서는 인쇄물이나 책자처럼 내림차순으로 항목이 이뤄져 있어야 한다.
일반보고서의 항목 구성과는 다소 차이가 있다.

기안서의 기본 항목은
① 제목 ② 관련 근거 또는 핵심 의견
③ 내용 구성 ④ 부가 자료 안내(붙임)로 구성되어 있다.

제목은 수식어 없이 한 줄로 간략하게 작성한다.
전체 내용을 함축하는 문장을 쓰거나
'~건'이라는 표현으로 사안 단위를 명시한다.

제목과 관련 근거 아래에 궁극적으로 말하고자 하는 바를 요약해 한두 줄의 스토리라인(story line)으로 작성한다.

※ 문구에 '아래와 같이'라고 썼다면 뒤에서도 '아래'로,
  '다음과 같이'라고 썼다면 '다음'이라고 안내하는 것이 좋다.

핵심문장을 '재가하여 주시기 바랍니다'라고 끝맺기도 한다.
'재가(裁可)'는 안건을 결재하고 허가한다는 뜻으로,
승인을 요구하는 높임 표현이다. 보수적인 표현이라 자주 쓰이진 않는다.

기안서 내용은 앞서 배운
논리 구조화 원리(MECE, Logic-Tree)를 활용해서 작성하면 된다.

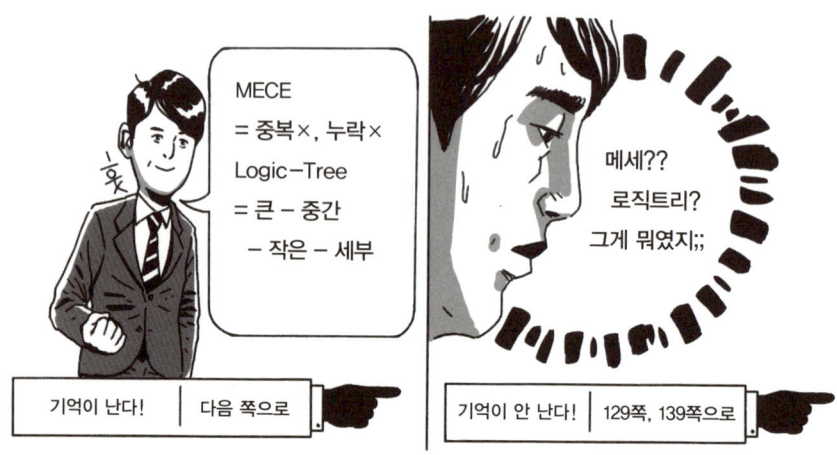

기안서에는 ※ 기호가 붙은 문장이 있다.
내용상 중요하거나 설득력이 있는 부분을 강조하는 것이라고 보면 된다.
한편 *는 별도의 착안사항이나 내용의 문장 앞에 붙인다.

기안서 끝부분에는 '붙임', '별지', '첨부' 등 부가 자료를 안내한다.
붙임 자료에서 추가 자료를 덧붙일 때는 '덧붙임'을,
별지에 추가로 자료를 덧붙일 때는 '별첨'이라는 표현을 쓴다.

※ 엄밀한 구분 없이 부가 자료를 모두 '별첨'이라 부르는 경우가 있다.
  의미상으로 잘못된 것이지만, 의미 전달에는 무리가 없으므로 개의치 말자.

부가 자료 안내까지 마치면 기안서 작성 끝이다.
두 칸을 띄운 뒤 '끝.'으로 마무리하는 것이 원칙이다.
이 부분을 민감하게 따지는 상사도 있다.

기안서는 직급에 관계 없이 누구나 써야 하는 문서이다.
경영자나 관리자도 스스로 기안하고 보고하기도 한다.
기안서 한 장이 업무 능력을 좌우한다. 기안서는 보고력의 필수조건이다.

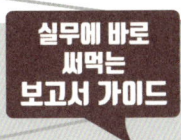

★ 간단 기안서 작성해보기

문구 용품을 구매하는 간단한 일부터 중대한 프로젝트까지 회사에서 일어나는 대부분의 일이 기안서에서 시작됩니다. 회사는 기안서를 통해 의사결정에 따른 비용을 계산하고 관리해야 하기 때문이죠. 아래는 업무용 프린터의 교체를 건의하는 문서입니다. 읽어 보니 새 프린터를 사야 할 이유는 충분한 듯합니다. 이를 기안서로 어떻게 만들어야 할까요?

- 업무용 프린터가 낡았음에도 비품 예산에 계속 반영되지 않아 그동안 아무런 검토가 이루어지지 않았으며, 현재 시급한 교체가 필요한 시점임.
- 노후화로 인한 잔고장으로 정비 소요비용이 빈번히 생김. 얼마 전 문서 출력 업무가 많았을 때 고장이 발생하여 직원들의 불편사항이 폭주함.
- 현재 프린터는 출력이 느리고 유지비가 많이 드는 레이저 프린터이기 때문에 무한리필 잉크젯 프린터로 교체하는 것이 합리적임.
- 새로 책정된 신규 장비 구입 예산(총무과 수선비 내역)으로 구입 가능함.
- 현 업무용 프린터 모델 및 구입 검토가 필요한 무한리필 잉크젯 프린터에 대한 세부정보는 붙임 자료로 첨부함.

먼저 '~의 건'이라는 표준적인 제목을 씁니다. 문서 내용 전체를 아우르는 핵심 의견을 '스토리라인' 형태로 구성합니다.

업무용 프린터 교체 검토의 건

현 업무용 프린터가 낡아 시급히 교체가 필요한 시점에 이른 관계로 구입 검토 의견을 제시함

다음은 핵심항목을 정해봅시다. 프린터를 교체해야 할 이유, 즉 교체 사유가 가장 핵심이겠지요? 따라서 '교체 사유'로 한 항목을 구성합니다. 중요한 부분은 ※ 표시로 강조하고요. 이후 교체를 어떻게 진행해야 할지에 대한 '구입 검토' 부분까지 적어줍니다.

1. 교체 사유
가. 교체 시기임에도 예산 미반영으로 구매 검토에 소홀
나. 노후화에 따른 잔고장 발생으로 정비 소요비용 발생
　　※ 문서출력 업무 과다 발생 시 직원들의 불편 초래

2. 구입 검토
가. 20**년 신규 장비 구입 예산 반영(총무부 수선비 내역)
나. 구형 레이저 프린터를 무한리필 잉크젯 프린터로 교체하여
　　유지비 절감

마지막으로 붙임 자료까지 안내해줍니다. 각각의 것을 명기하고 부수도 표시해주어야 합니다. 보통 1부를 첨부합니다. 띄어쓰기, 마침표를 신경 써주세요.

붙임　1. 업무용 프린터 모델 현황 1부.
　　　2. 구입 검토 프린터 세부정보 내역 1부.　끝.

최종적으로 작성한 기안서는 다음과 같습니다.

업무용 프린터 교체 검토의 건

헌 업무용 프린터가 낡아 시급히 교체가 필요한 시점에 이른 관계로 구입 검토 의견을 제시함

1. 교체 사유
가. 교체 시기임에도 예산 미반영으로 구매 검토에 소홀
나. 노후화에 따른 잔고장 발생으로 정비 소요비용 발생
　　※ 문서출력 업무 과다 발생 시 직원들의 불편 초래

2. 구입 검토
가. 20**년 신규 장비 구입 예산 반영(총무부 수선비 내역)
나. 구형 레이저 프린터를 무한리필 잉크젯 프린터로 교체하여
　　유지비 절감

붙임　1. 업무용 프린터 모델 현황 1부.
　　　2. 구입 검토 프린터 세부정보 내역 1부.　끝.

17화

결과보고서와 상황보고서 완전 정복!

==결과보고서는 전체적인 개요와 성과를 보여주는 보고서로, '성과보고서'라고 부르기도 한다.==
사업, 행사, 교육, 조사 등을 마무리할 때 결과보고서를 작성한다.
흔히 접하는 설문조사 결과도 결과보고서의 일종이라고 할 수 있다.

결과보고서는 상황이 끝난 뒤 객관적인 결과를 일목요연하게 정리하고, 이후 방향성을 제시하는 것이 포인트이다.

결과보고서의 흐름은
①제목 ②개요 ③결과(성과) 및 시사점 ④향후 계획(추진 및 조치)
순으로 이어진다. 필요하면 일부 단계를 생략할 수도 있다.

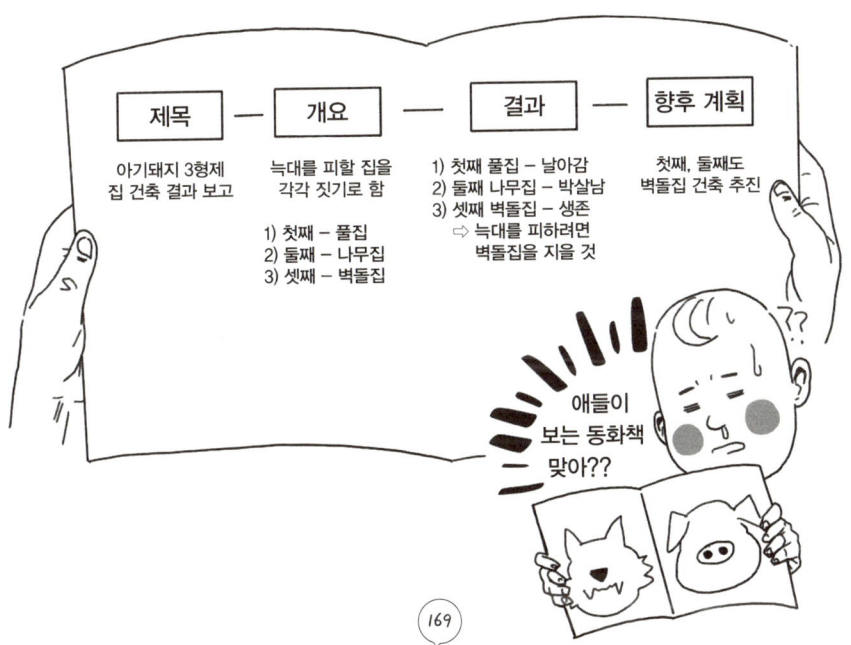

17화 결과보고서와 상황보고서 완전 정복!

만약 결과를 분석하는 것이 주목적인 보고서라면,
==총평과 함께 분야별로 구체적인 분석 결과를 작성하면 효과적이다.==

결과는 가감이 없어야 한다.
목적과 의도에 맞게 결과를 부풀리고,
의도적으로 축소하거나 은폐하는 일은 없어야 한다.

상황을 합리적으로 진단하고 개선할 수 있는 방향성을 제시할 때, 좋은 결과보고서라고 할 수 있다.

결과보고서는 어떤 문서보다 객관적이고 현실적인 보고서다. 상대방이 신뢰할 수 있는 결과보고서를 작성해야 할 것이다.

다음으로 **상황보고서는 업무 안팎의 상황을 공유하는 보고서다.**
정책과 사업 추진 동향, 추진상의 변수, 대내외적인 환경 변화 등의
내용을 포함한다.

상황을 둘러싼 사실관계를 체계적으로 분석하고 종합하여
상황을 전파하는 것이 상황보고서의 목적이다.

따라서 상황의 핵심을 신속하게 파악하는 기술이 요구된다.

사람들에게 악영향을 미치는 상황에 대한 보고서의 경우,
해당 상황이 다시 발생하지 않도록
예방하는 것에 무게를 두고 작성해야 한다.

상황보고서는 큰 틀에서 세 항목으로 구성되며,
==주관적인 생각보단 객관적인 상황을 전달하는 것에 초점을 맞추고==,
필요하면 분석과 대안을 덧붙이는 식으로 내용을 구성하는 게 좋다.

상황의 성격에 따라 내용의 강조점은 다를 수 있다.
간단한 보고의 경우 현재 상황만을 간략하게 서술하기도 한다.

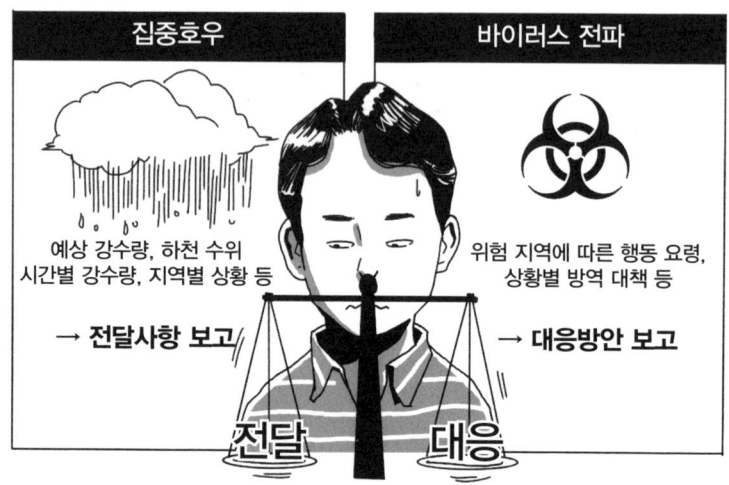

상황보고서는 형식과 절차에 너무 치우치지 말아야 한다.
긴급 상황에서 선(先) 조치, 후(後) 보고가 필요하다.
불이 났을 때는 불을 끄는 게 우선이듯 말이다.

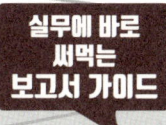

★ 상황보고서 작성해보기

보고서는 그 형식을 알아두기만 하면 여러 상황에 응용할 수 있습니다. 그래서 이번에는 장마철 폭우로 인한 재난 상황을 상황보고서로 작성해보겠습니다.

> 8월 2~3일 사이 북태평양 고기압의 가장자리가 강원도 일대에 위치하면서 태풍으로부터 뜨겁고 습한 공기가 유입되어 폭우가 내렸습니다.
> 8월 4일 06시 현재 중앙재해대책본부 공식집계에 따르면 인명피해로 사망자 7명(산사태 매몰 5명, 건물 붕괴 2명)과 부상자 6명이 발생했으며, 도로 9곳, 교량 2곳, 하천 22곳, 기타 21개소의 공공시설물 53개가 파손되었고, 주택 28채와 차량 48대 및 가축 139마리가 떠내려갔습니다.
> 현재 7번 국도와 서울-춘천 간 고속도로가 통제되고 있습니다.
> 중앙대해대책본부는 침수 주택 및 농작물 등 방제작업을 실시하고 피해 현황을 집계하여 정밀 피해조사를 하는 한편, 수재민에 대한 본격적인 피해복구 작업에 나설 계획입니다.
>
> (보고 일시 : 20**년 8월 4일 12시)

제목과 큰 틀을 우선 설정해봅시다. 제목은 내용이 드러나도록 단순하게 기술합니다. 날짜는 대체로 문서 하단에 작성하지만, 제목 아래 표기하여 상황의 시점을 보여주기도 합니다. 일반적인 상황보고서는 개요, 현황, 대응 방안 순으로 전개됩니다. 이에 맞게 항목을 설정하고 세부내용을 기술하면 다음과 같습니다.

장마철 폭우 상황 보고

20**. 8. 4. (목) 12:00

☐ **폭우 현황**
8월 2~3일 사이 북태평양 고기압의 가장자리가 강원도 일대에 위치하면서 태풍으로부터 뜨겁고 습한 공기가 유입돼 폭우 발생

☐ **주요 피해 현황** (8월 4일 06시 중앙재해대책본부 공식집계)
○ 인명피해 : 사망 7명(산사태 매몰 5명, 건물 붕괴 2명), 부상 6명
○ 공공시설 : 도로 9곳, 교량 2곳, 하천 22곳, 기타 21개소
○ 사유시설 : 주택 28채, 차량 48대, 가축 139마리
  ※ 현재 국도 1개소(7번 국도)와 서울-춘천 간 고속도로 통제 중

☐ **추후 조치 계획**
○ 피해 현황 집계 후 정밀 피해조사
○ 침수 주택 및 농작물 등 방제작업 실시
○ 수재민에 대한 피해복구 작업

한번에 오케이!
보고서 작성법

18화

한눈에 쏙 들어오는 원페이지 요약보고서

'요약보고서'라는 공식 명칭은 없지만, 한두 장으로 작성하는 보고서를 대개 요약보고서라고 부른다.

요약(要約) = Summary
※ 말이나 글의 요점을 잡아서 간추림

요약보고서는 다양하게 응용된다.
보고서 전체 내용을 간추려서 전달하는 서문 형태,
많은 양의 정보를 요약 및 정리하는 보고서 형태 등이 있다.

기존 자료를 요약하는 것이 아니라
<mark>기획보고서를 한 장으로 쓰는</mark> '원페이지(One page) 보고서'도 있는데,
이는 보고서 트렌드로 자리 잡은 지 오래다.

요약보고서에는 세 가지 조건이 있다.

첫째, 전체 내용이
한눈에 들어와야 한다.

둘째, 핵심을
잘 압축해야 한다.

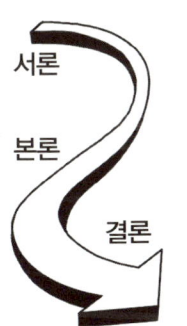

셋째, 논리적 흐름을 갖춰야 한다.

18화 한눈에 쏙 들어오는 원페이지 요약보고서

일반보고서보다 요약보고서가 더 작성하기 어려울 수 있다. 핵심을 파악하지 못하면 양도 질도 부실해질 수 있기 때문이다. ==한두 장짜리 보고서에서 실력 차이가 더 두드러진다.==

논리의 흐름에서 벗어나지 않으면서 전체 내용을 한 장에 담아야 하는 원페이지 보고서의 경우는 특히 어려울 수밖에 없다.

세계적인 기업가 라일리(Patrick G. Riley)는 저서 《The One Page Proposal》에서 원페이지 보고서의 논리적 구성을 다음과 같이 제시한다.

한국적으로 응용하세요~

《 The One Page Proposal 》		우리나라에 맞게 응용한 버전
제목 : 스토리의 헤드라인	▶	주제(Topic)
목표 : 제목을 보강하라	▶	달성효과
2차 목표 : 목적을 상세하게 밝힌다	▶	기대효과
논리적 근거 : 누가, 무엇을, 어디서, 왜, 어떻게	▶	내용
재정 : 숫자로 말하라	▶	비용 및 예산
현재 상태 : 사업의 현 상태는 어떤가?	▶	현재 역량
실행 : 아무것도 부탁하는 것이 없다면 그것은 기획서가 아니다.	▶	향후 실행 계획

원페이지 보고서는 제목 아래에 한두 줄의 스토리라인을 기술하기도 한다. 스토리라인은 전체 내용을 아우르는 내용이어야 한다.

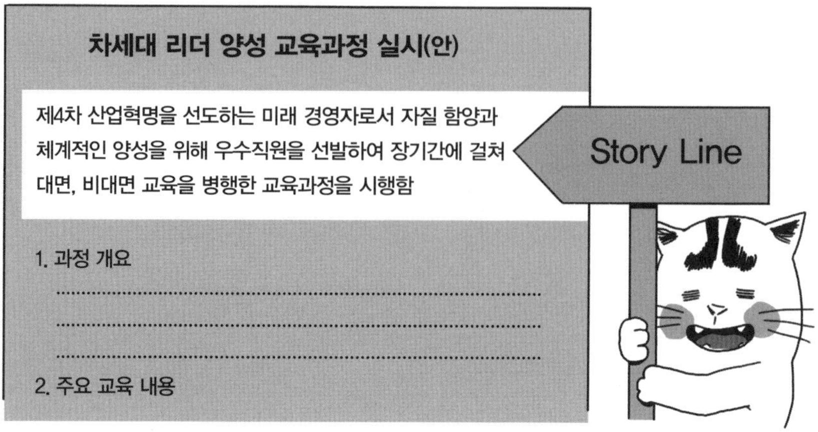

차세대 리더 양성 교육과정 실시(안)

제4차 산업혁명을 선도하는 미래 경영자로서 자질 함양과 체계적인 양성을 위해 우수직원을 선발하여 장기간에 걸쳐 대면, 비대면 교육을 병행한 교육과정을 시행함

1. 과정 개요

2. 주요 교육 내용

프레젠테이션 자료를 만들 때나 공문서를 작성할 때도 각 항목이 시작될 때 스토리라인으로 이후 내용을 안내하면 좋다.

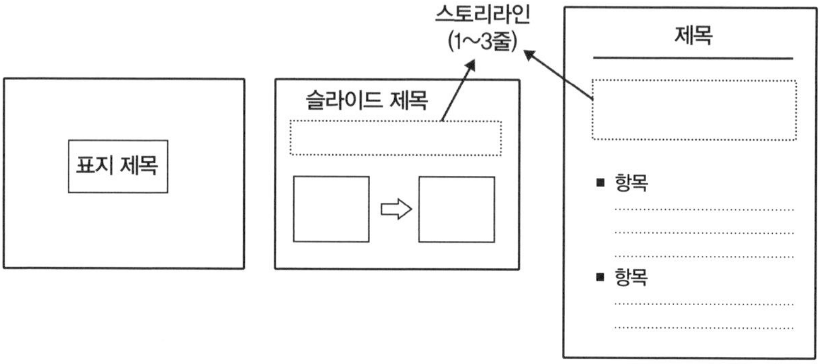

요약보고서를 만만하게 보면 안 된다.
의사결정자가 두꺼운 보고서를 전부 읽어 보지 않고,
요약보고서만 확인한 뒤에 오케이하는 경우가 많기 때문이다.

요약보고서는 '족집게 보고서'다.
족집게 강의를 하듯 핵심만 콕콕 짚어
전달하겠다는 마음으로 작성해야 한다.

18화 한눈에 쏙 들어오는 원페이지 요약보고서

> 실무에 바로 써먹는 보고서 가이드

★ 활용도 높은 원페이지 보고서 작성법

원페이지 보고서는 그 어떤 보고서보다 활용도가 높습니다. 아이디어를 간략하게 정리하고 핵심만을 전달할 수 있기 때문이죠. 자, 아래는 한 교육청에서 온라인 웹진을 발행하기 위한 계획을 담은 문서입니다. 꼼꼼히 읽어봐도 단번에 정리가 쉽지 않죠? 이를 한눈에 쏙 들어오는 원페이지 보고서로 만들어봅시다.

> 업무 범위 확대, 끊임없는 업무 혁신, 제반 역량 확충 등 해마다 우리 교육청은 눈부신 발전을 보여주고 있다. 이러한 성과를 바탕으로 청사 내에서 부문별 조직의 비전과 목표를 철저히 주지하고 각 부서의 커뮤니케이션 활성화를 위해 온라인 웹진을 발간하기로 하였다.
> 이번에 기획하는 웹진은 각 업무 부문별로 제작하며 순수한 직원들 간의 정보 교류를 위한 정보지로서 의미를 부각하여 모든 직원이 직접 참가하는 것을 원칙으로 한다.
> 온라인 웹진에 포함되는 주요 항목으로는 교육 정책, 학교 동정, 기획 테마 특집, 청사 칼럼, 자유게시판 등이 있다. 또한 온라인 웹진은 해상도 1920*1080(Full HD)으로 계획하고 있으며, 8월 1일부터 매달 1일에 발행하는 온라인 간행물로 제작된다.
> 이러한 웹진을 제작하기 위한 재원으로 2/4분기 총무부 예산 중 교재 제작비 1,500만 원에서 충당할 수 있다. 1년간 웹진 제작을 지원하는 비용은 자료 수집비, 편집비, 디자인비를 포함하여 약 800만 원 정도이다. 제작비 외로 소요되는 운영 비용을 절감하기 위해 회보를 만드는 전담 팀을 구성하기보다는 각 부서별 지원자를 받아 현행 업무를 수행하면서 웹진 발간을 도와줄 수 있는 편집위원회 T.F.T(Task Forced Team)를 구성하기로 하였다. 편집위원회는 편집위원장과 간사 그리고 회보 기사를 수집하고 작성하는 부문별 편집위원 각 1명씩으로 이루어진다.
> 창간호 발간 일정은 다음과 같다. 6월 첫 주에 온라인 웹진의 발간을 공고하고 6월 말까지 편집위원회를 구성한 후 7월 둘째 주까지 편집 작업을 진행한다. 7월 20일까지 디자인실에 넘기고 27일 최종 콘텐츠를 넘겨받아 검토 작업을 거친다. 오는 8월 1일에 온라인으로 전 직원에게 메일링을 통해 배포한다.

먼저 제목과 큰 틀을 정해봅시다. 서론-본론-결론(S-D-S)의 논리적 흐름에 맞춰 3개의 범주를 정합니다. 서론에선 배경이나 목적을 설명하고, 본론에선 주요 내용을 이야기합니다. 결론에선 앞으로 구체적으로 어떻게 실행할 것인지를 제시합니다. 이렇게 뼈대를 잡은 뒤에 세부항목을 구성하면 됩니다.

1) 서론: 발간 의도
2) 본론: 발간 계획의 요지
3) 결론: 예산 운영안, 편집위원회 구성안, 발간 일정

뼈대가 만들어졌으니 이제 살을 붙이면 됩니다. 발간계획의 요지에서 웹진의 성격, 제작 형태, 발간 시기 등을 기술합니다. 뒤이어 '무슨 돈으로(예산 운영안)', '누가(편집위원회 구성안)', '언제(발간 일정)'를 덧붙입니다. 이때, 이 보고서에서 가장 중요한 부분인 일정은 도표를 통해 제시해주면 좋겠죠. 보고서를 작성하면 다음과 같습니다.

부문별 온라인 웹진 발간 계획(안)

☐ **발간 의도** — 서론(배경 및 목적)
업무범위 확대, 끊임없는 업무 혁신, 제반 역량 확충 등의 성과를 바탕으로 직원들 간의 순수한 정보 교류를 위한 업무 부문별 온라인 웹진을 발간하기로 함
○ 부문별 조직의 비전과 목표를 철저하게 주지
○ 직원 간의 커뮤니케이션 활성화

☐ **발간 계획의 요지** — 본론(주요 내용)
○ 웹진의 성격 : 모든 직원이 직접 참여하는 정보지
○ 제작 형태 : 1920*1024(Full HD) 해상도
○ 발간 시기 : 2021년 8월 1일 창간, 이후 매월(월간) 1일 발행
○ 내용구성
- 교육 정책 및 학교 동정
- 기획 테마 특집
- 청사 칼럼
- 자유게시판 등

☐ **예산 운영안** — 결론(세부 추진 계획)
○ 연 800만 원 소요(편집비, 인쇄비, 제본비 포함)
○ 2/4분기 총무부 교재 제작비 예산 1,500만 원 내에서 지원 가능

☐ **편집위원회 구성안**
○ 현업경직의 지원자를 받아 편집위원회 T.F.T.(Task Forced Team) 구성
  ※ 소요비용 절감 목적
○ 편집위원장(1명) 및 간사(1명), 부문별 편집위원(각 1명)의 단위조직체

☐ **발간 일정**

6월 1주차	6월 4주차	7월 2주차	7월 4주차	8월 1일
온라인 웹진 발간 공고	편집위원회 구성	편집 작업	7월 20일: 디자인 의뢰 7월 27일: 콘텐츠 완성	제작 완료 및 배포

한번에
오케이!
보고서
작성법

19화

마음을 훔치는 제안서 작성법

제안서는 보고서와 별개의 영역이다. ==현황을 보고하는 것이라기보다 창의적 아이디어를 상대방에게 설득력 있게 제안하는 기획서에 가깝다.==

직장인에게 제안서는 부담인 동시에 기회다. 밤새워 작성한 제안서가 거절당하는 서러움을 겪을 수 있지만, 채택만 되면 막강한 추진력을 얻을 수 있기 때문이다.

제안서의 형태는 다양하지만,
공통으로 포함하는 항목들이 있다.
표준 항목을 제외하고
나머지는 자유롭게 구성하자.

단, 핵심 주장, 비교 분석, 비용 등은 비교적 비중 있게 다뤄야 한다.

제안서를 작성할 일이 많다면 일정한 포맷을 정해 관리하자.
아이디어 제안서, 문제해결 제안서, 프로젝트 제안서, 영업 제안서 등등
제안서의 종류는 무궁무진하다.

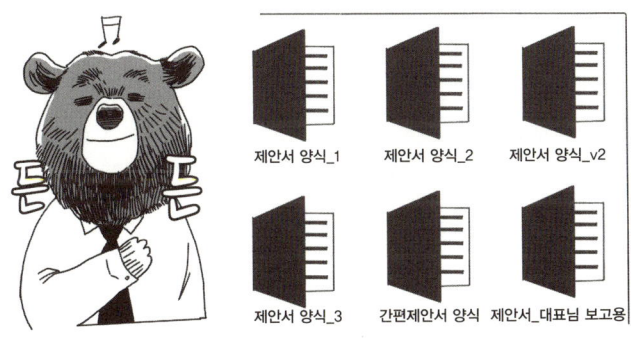

각 제안서별 핵심 포인트를 알아보자.
아이디어 제안서는 가장 일반적인 제안서로,
신상품, 신사업, 신개념 서비스 등 새로운 아이템을 제안하는 문서다.
무엇보다 콘텐츠의 참신함이 핵심이다.

문제해결 제안서는 현재 문제를 파악하고
개선 방안과 해결책을 제안하는 문서다.
문제상황을 해결할 돌파구를 제시하는 것이 내용의 중심을 이뤄야 한다.

프로젝트 제안서는 어떠한 목표나 성과를 달성하는 데 필요한 프로젝트를 제안하는 문서다.
<mark>프로젝트로 좋은 성과를 얻을 수 있음을 강조해야 한다.</mark>

영업 제안서는 판매활동을 촉진하기 위해 작성하는 문서로, 일례로 마케팅 제안서가 있다.
고객에게 비즈니스를 제안하는 문서는 대부분 영업 제안서에 포함된다.
<mark>영업이익을 높일 수 있음을 설득해야 한다.</mark>

사업 투자 제안서는 투자를 유도하는 문서다.
신생 벤처기업에 투자하는 '엔젤투자 제안서'가 좋은 예다.
투자의 이익을 설명하고 리스크를 최소화하는 방안을 전달해야 한다.

홍보 또는 광고 제안서는 특정 상품과 서비스를 널리 알려
고객의 인식과 행동에 변화를 이끌어내고자 하는 제안서다.

주식 시장에서 투자자에게 기업 정보를 제공하는
'IR(Investor Relations) 자료'도 투자 유치를 위한 홍보 제안서다.
광고카피나 영상도 광고 제안서의 일종이다.

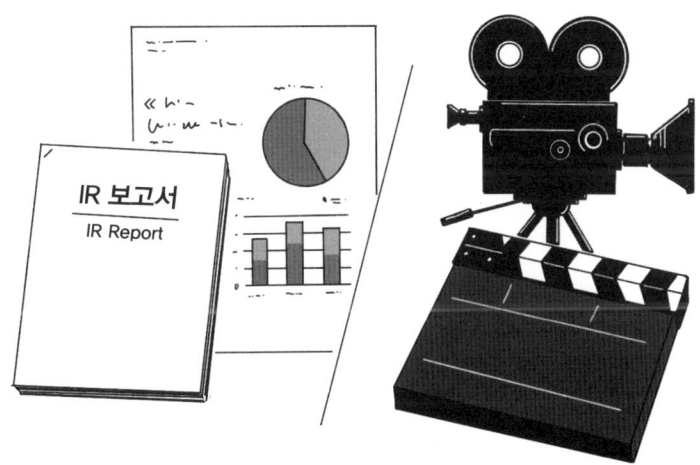

프로젝트 제안서의 목차를 설정해보자.
제시된 자료는 직무 분석에 대한
프로젝트 수행의 필요성을 이야기하는 제안서의 목차다.

```
               제 목
        _____

    • 제안 배경
       ┌─────────────────────┐
       │      제안 내용        │
       │ (제안포인트 / 구체적인 제안사항) │
       └─────────────────────┘
    • 경쟁사 비교
    • 소요 예산
    • 추진상의 장애 요소
    • 제안 실행 방법
    • 기타(고려/착안사항 등)
```

제안서는 서론-본론-결론의 전개 방식을 따르는 것이 무난하다. 각각의 요소에 들어가는 내용을 정리하면 다음과 같다.

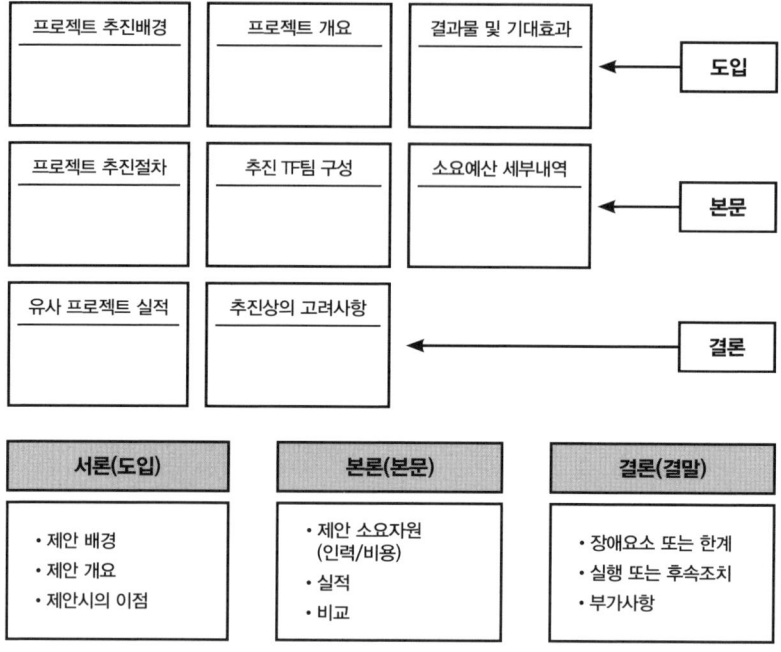

상대방이 제안을 받아들이면 제안서는 힘을 받고, 그렇지 않으면 힘이 빠진다. 단번에 오케이를 받을 수 있는 제안서를 쓸 수 있도록 하자.

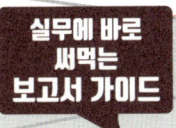

★ 제안서 프레젠테이션 발표하기

새로운 아이템을 기획하는 일 못지않게 중요한 것이 있습니다. 그 아이템을 고객에게 잘 제안하여 구매를 유도하고, 상사에게 잘 제안하여 기획안을 통과시키는 일이죠. 이런 의미에서 발표의 목적은 '제안'이며, 프레젠테이션 자료는 제안서의 일종입니다. 이번에는 파워포인트 슬라이드 자료를 통해 상품기획 제안서의 작성 단계를 알아보겠습니다.

저는 고령화 시대에 부응하는 '노년층 전용 기능성 화장품'을 간단하게 기획해보았습니다. 먼저 앞부분에서 제목과 목차, 그리고 상품에 대한 개요(배경, 소개)를 언급합니다. 우리가 배운 S-D-S 논리 중 제품에 대한 전반적인 소개인 요약(S)에 해당하는 부분입니다.

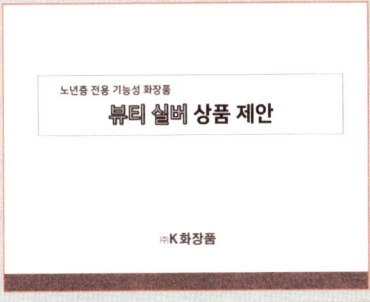

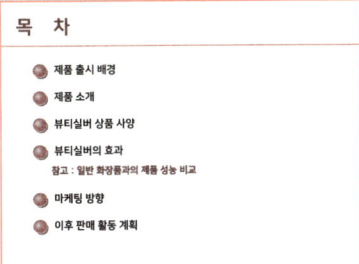

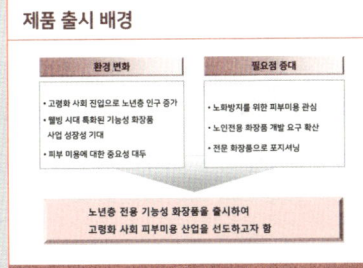

다음은 상품에 대한 구체적인 정보를 제시해야 합니다. 상품의 사양과 기능을 소개하고, 타 상품과의 차별점까지 부각해주면 더 좋겠죠. S-D-S 논리 중 상세내용(D)에 해당하는 내용입니다.

뷰티실버 상품 사양

A타입 / 여성용 (BS-2A1)
- 보습 효과 강화
- 내부 용량: 0.3L / 중량: 5.6g
- 용도: 연약 피부, 중성 피부관리

B타입 / 남성용 (BS-2PM)
- 스킨 및 로션의 이중 효과
- 내부 용량: 0.3L / 중량: 5.6g
- 용도: 건성 피부관리

C타입 / 공용 (BS-2DR)
- 피부 진정 작용 강화
- 내부 용량: 0.3L / 중량: 5.6g
- 용도: 손상 피부관리

뷰티실버 상품 효과

- 피부 노화 진행 억제
- 주름 개선과 탄력 개선 효과
- 모공 수축 촉진
- 보습 기능 추가
- 자외선 노출 시에도 피부 손상 방지
- 유효기간 한계 극복 (3년 장기간 보관 가능)

참고 : 일반 화장품과의 제품 비교

☞ **비교우위**

일반 화장품	노인 전용 화장품
▶ 보편적 고객의 브랜드 인지도	▶ 타겟층 고객의 브랜드 인지도
▶ 주름개선 기능성 미비	▶ 주름개선 기능성 강화
▶ 계층별 구매력 상이	▶ 단일계층의 구매력 향상
▶ 일률적인 홍보 마케팅	▶ 전략적 집중 홍보/마케팅

☞ **세부 성능 비교 데이터**

	주름개선	보습	피부퍼짐방지	화이트닝	검버섯제거
일반화장품	28%	41%	21%	52%	13%
노인전용화장품	41%	40%	34%	18%	39%

마지막 S는 뭐였죠? 바로 해결책입니다. 상품의 경우, "어떻게 팔 건데?"에 대한 대답이 나와야겠죠. 저는 마케팅 방향과 판매 활동 계획을 정리했습니다. 이렇듯 프레젠테이션 자료 역시 S-D-S의 논리 흐름을 따라간다는 걸 알 수 있습니다.

마케팅 방향

● 마케팅 주요전략

시장 세분화 및 타겟팅 시장 전략	➢ 60세 이상 노년층 대상 방문판매 ➢ 노인단체, 기관, 동호회 집중 선정 공략
제품 차별화 전략	➢ 최상의 원료로 만든 고품질 화장품으로 고객의 질적 요구 충족 ➢ 노인 계층 외 타 계층 구매 제한으로 프리미엄 제품 공략
기타 전략	➢ 다양한 가격대의 상품 검토 *제품 기능별 차이 구분 ➢ 상품구매자 회원 등록 후 지속적인 피부 관리 A/S 진행 ➢ 행사, 이벤트 개최

● 홍보매체 활용

매체 종류	장 단 점	비 고
전단지/ 브로우셔	·경제성 ·제품에 대한 표준 홍보 수단	관련 기관 및 단체에 무료 배포
지역신문/ 광고지	·지역 마케팅 활동에 유리 ·대중적인 전달 효과 적음	
신문방송 매체	·강력한 홍보 수단 ·비용 부담 및 일시적인 한계	케이블TV, 홈쇼핑 방송검토
인터넷 매체	·보편화된 디지털 매체 ·경제성, 대중성 양호	자사 홈페이지 통한 온라인쇼핑몰 운영

이후 판매활동 계획

(대대적인 마케팅 및 홍보) 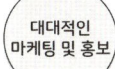 (영업력 확대 *방문판매팀) (판매 활동 촉진)

➢ **판매 촉진을 위한 활동**
  - 일대일 직접 찾아가는 고객 서비스 강화
  - 브랜드 인지도 형성 전까지 파격적인 사은 행사 진행

➢ **부가서비스 제공 강화**
  - 구매력이 높은 고객 선별, 멤버십 혜택 부여
  - 고객 등급별 회원제 운영 및 차등 서비스 제공

➢ **영업직 성과급 인센티브제 도입**
  - 매니저의 방문판매 활동 실적에 따라 차등 인센티브 지급
  - 기본급 + 성과급 *거래성사에 따라 순이익금의 일정% 지급 방안검토

한번에 오케이!
보고서 작성법

20화

좋은 정책 보고서의 조건

정책은 정부가 공공의 문제를 해결하기 위한 행동방침이고, 정책 보고서는 정책 의사결정자에게 계획·추진을 결재받거나 그 결과를 보고하는 문서이다.

정책 보고서는 세 종류로 나뉜다. 새로운 정책을 기획하는 '정책기획 보고서', 기존 정책의 문제를 인식하고 대책을 세우는 '정책 보고서', 정책과 관련한 사안을 검토하고 조정하는 '검토조정과제 보고서'다.

정책 보고서 역시 일반보고서의 작성 원칙을 따라 작성한다.
단, 기존 정책의 문제를 해결할 수 있는 정책 아이디어에 주안점을 두고 의사결정자가 조치해주기를 바라는 사항을 분명하게 기술해야 한다.

정책 의사결정자가 정책 보고서로 얻고자 하는 것은 분명하다.

첫째, 왜 그 정책이 의제화되었는가.

둘째, 현재 직면한 문제는 무엇인가.

셋째, 문제를 해결하기 위해 어떤 정책을 추진해야 하는가.

마지막으로, 향후 정책을 어떻게 개선하고 보완해야 하는가.

정책에 맞춰 강조점을 달리하는 것은 정책 기획자의 역량이다. 위기상황으로 신속한 결정이 필요한 상황에서는 형식과 절차를 과감하게 생략해야 한다.

정책 보고서를 작성할 때 참고해야 할 몇 가지 사항을 살펴보자.
첫째, 정책 보고서는 작성자의 주관을 최대한 배제해야 한다.
현안을 객관적으로 확인하고 각 분야의 다양한 의견을 반영해야 한다.

둘째, 정책의 문제점을 규명하고 합리적인 방안을 모색해야 한다.
해결방안이 확실하지 않아, 또 다른 문제로 이어지는 정책은 안 된다.

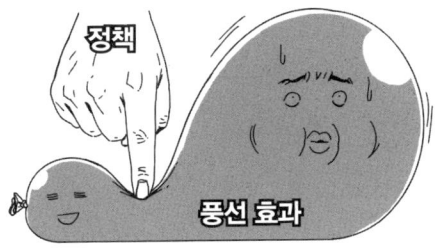

셋째, 파급 효과를 고려해야 한다.
실무자는 정책이 탁상공론으로 끝나지 않도록 현실 감각을 가져야 한다.

변화하는 시대에 대응하기 위해서는
현실을 실제로 개선할 수 있는 정책 기획이 필요하다.

정부의 방향을 정하고 정책을 실행하는 주체는 모두 정책 기획자다.

한 편의 영화를 만들듯이 모두에게 환영받는 정책을 기획하고, 좋은 정책 보고서를 작성해보자.

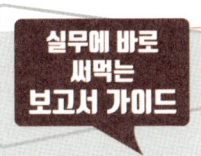

★ 정책기획 보고서의 정석

정책기획 보고서도 큰 틀에서 S(요약)–D(상세)–S(실행)의 논리 흐름을 따릅니다. 먼저 정책을 의제화한 배경을 설명합니다. 그다음 문제상황의 원인을 진단하고, 마지막으로 문제상황을 해결할 수 있는 정책을 제시합니다. 뒤에 기대효과나 개선사항까지 정리하면 좋겠죠. 정책기획 보고서의 모습을 잘 보여주는 예시를 하나 가져왔습니다.

제목은 《『정부4.0』 추진 기본계획(안)》입니다. 정부4.0은 제4차 산업혁명을 이용한 스마트 정부운영 패러다임을 뜻합니다. 이 보고서는 정부4.0이 왜 필요하며 어떻게 문제상황을 해결할 수 있는지를 잘 보여주고 있습니다.

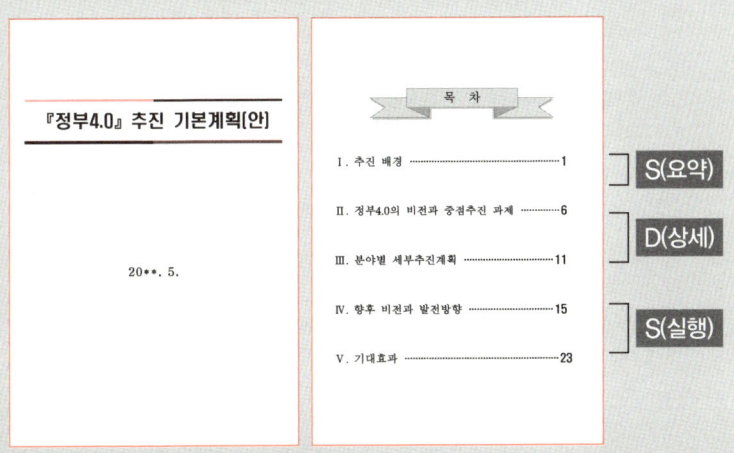

제목과 목차를 우선 살펴보겠습니다. 우리가 배운 대로 제목을 수정한다면 〈스마트 행정을 선도하는 『정부4.0』 추진 기본계획(안)〉이나 〈보다 효율적인 『정부4.0』 추진 기본계획(안)〉이라고 바꿔도 좋겠습니다. 목차는 S–D–S의 논리 흐름에 충실하게 잘 정리되어 있군요.

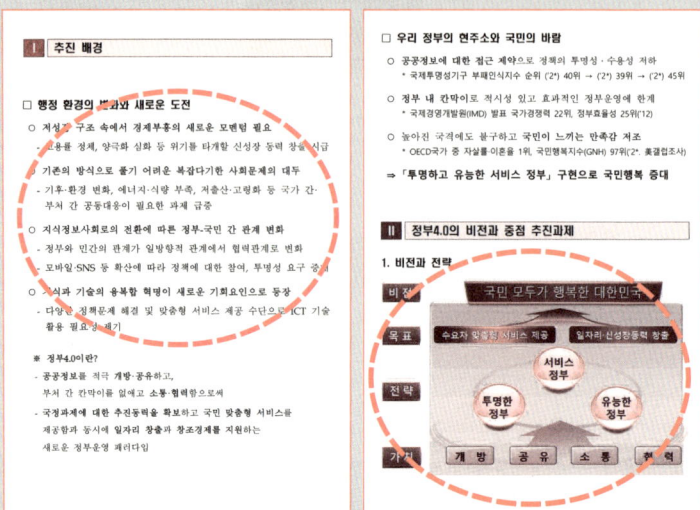

본문을 일부 살펴보겠습니다. 세 가지 눈여겨보아야 할 점이 있습니다.

① 항목을 ☐ → ○ → – → * 로 위계화하여 구성하고 있습니다.
② 큰 항목은 간략한 개조식으로, 작은 항목 이하(○, – 이하)는 서술식으로 기술하여 핵심 내용과 세부 내용이 한눈에 들어옵니다.
③ 박스와 이미지 자료를 활용해 보고서를 유연하게 구성했습니다.

이에 더해 중요한 단어나 개념을 굵게 표시하여 가시성을 높였죠. 보고서를 펼쳤을 때 어떤 부분을 읽어야 할지 바로 파악할 수 있습니다. 이렇게 살펴보니 정책기획 보고서도 일반보고서와 다르지 않다는 걸 알 수 있죠? 어떤 보고서든 중요한 것은 큰 틀을 구성하고 잘 읽히게끔 풀어내는 데 있습니다.

21화

공문서 표기법의 모든 것

‘공문서(公文書)’는 공식적인 문서를 지칭한다.
기관과 회사에서 업무에 필요한 내용을 작성해서 발송·수신하는 문서이다.

공문서를 정부 기관에서 공무상 활용하는 문서라고 생각하지만, 일반기업에서 공적으로 작성된 문서도 공문서의 일종이다.

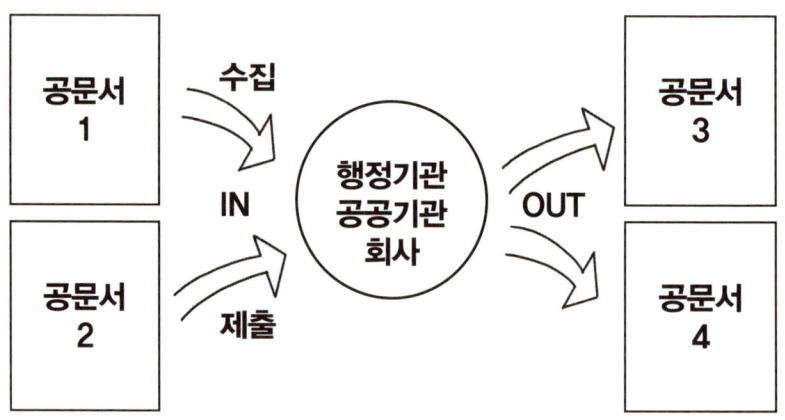

여느 회사나 마찬가지겠지만,
특히 정부 기관과 관련된 회사를 다니는 경우에
공문서 작성법을 반드시 알아두어야 한다.
공문서로 회사 간의 소통이 이뤄지기 때문이다.

공문서는 정형화된 서식이 있으며,
사소한 표기법에도 서식 통일을 요한다.
중구난방으로 기술되면 문서의 공적인 성격이 희석될 수 있기 때문이다.

정부의 행정간소화 지침 덕분에 공문서 서식은 점차 단순화되고 있다.
하지만 아직도 폰트, 배율, 자간 등을 따지는 곳이 많다.
지나친 서식은 규제를 완화하듯 줄여나가야 할 것이다.

공문서 서식은 기관과 단체, 지역마다 조금씩 차이가 있지만,
표기법은 일원화되어 있다.
이는 정부에서 발행하는 '행정업무운영 편람'에서 확인할 수 있다.
간혹 개정이 이뤄지기도 하니 확인하고 적용하도록 하자.

날짜는 숫자로 표기하되 연월일 글자를 생략하고 그 자리에
온점(마침표)을 찍는다. 날짜와 요일을 함께 쓸 때는 소괄호[( )]를
활용하고 온점을 유의해서 사용해야 한다.

계약 기간, 공사 기간, 연수 기간 등
연월일을 아라비아 숫자로 표기하는 경우,
연월일 다음에 온점을 일일이 붙여주어야 한다.

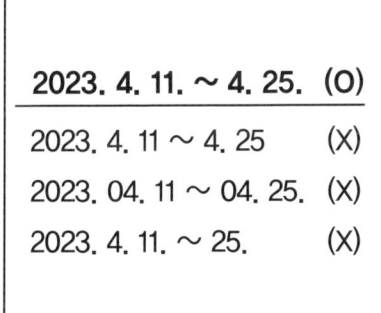

21화 공문서 표기법의 모든 것

시간을 나타낼 때는 24시간제에 따라 표기한다.
시간의 단위는 생략하고 쌍점(:)을 찍어 시와 분을 구별한다.

행사는 10:00에 시작합니다.	(O)
행사는 10:00시에 시작합니다.	(X)
행사는 오전 10:00에 시작합니다.	(X)
행사는 오전10:00시에 시작합니다.	(X)

금액은 아라비아 숫자로 쓰고,
한글 표기를 병기하는 것이 원칙이다.

금113,560원(금일십일만삼천오백육십원)	(O)
금113,560원(금십일만삼천오백육십원)	(X)
금십일만삼천오백육십원(금113,560원)	(X)
금일십일만삼천오백육십원(금113,560원)	(X)
금 113,560원(금 일십일만 삼천오백육십 원)	(X)

숫자 틀리면
다 물어내야 돼~

직책과 직위 등을 이름과 같이 쓸 때는 쌍점(:)을 이용한다.
이때, 쌍점은 앞말에 붙여 쓰고 뒷말과는 띄어쓰기를 한다.

과장: 장보고	(O)
과장 장보고	(X)
과장 : 장보고	(X)
과장:장보고	(X)
과장 :장보고	(X)

과장이
다 같은
과장이지….

보고서의 단위 항목을 내림차순으로 정렬할 때도 요령이 있다.

단위 명사를 나열할 때는 붙여쓰기를 해야 한다.

공문서에 기관 이름, 상품명 등을 명시할 때는
현재의 공식 명칭을 정확하게 써주어야 한다.
이런 부분에서 실례를 범하는 경우가 종종 있다.

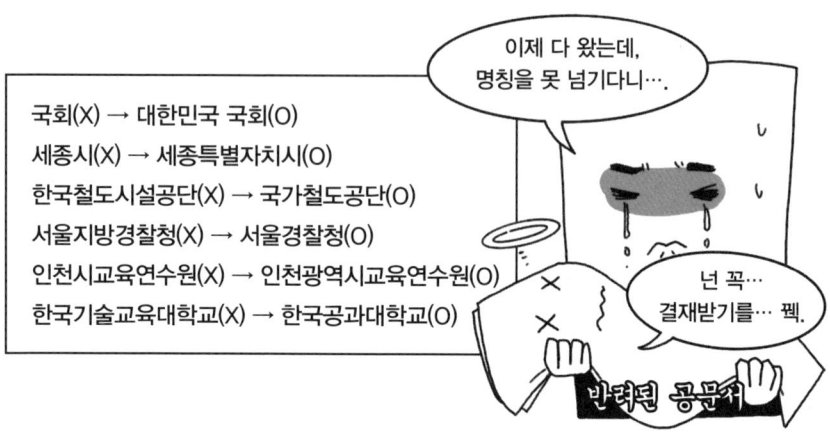

공문서는 서식만큼이나 표기법도 중요하다. 표기는 좋은 포장지와 같다.
내용은 말할 것도 없고, 좋은 포장지로 격식까지 갖춰야 한다.
표기는 점점 간소화될 테지만, 지금은 기준에 충실할 필요가 있다.

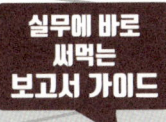

실무에 바로 써먹는 보고서 가이드

★ **대통령 비서실의 표준서식**

우리나라에서 보고서를 가장 깔끔하게 작성하는 조직을 꼽자면 대통령 비서실일 것입니다. 국민 모두에게 영향을 줄 수 있는 중요한 사안을 다루다 보니, 문서 커뮤니케이션이 중요할 수밖에 없죠. 여기서 소개해드릴 자료는 대통령 비서실에서 실제로 사용하는 표준서식입니다. 한 치의 오차도 용납하지 않는 공문서의 진수를 보여주고 있습니다. 이를 참고해 자신만의 보고서 서식을 정해보는 것도 좋겠죠.

< 대통령 비서실 보고서 표준서식 >

↕ 15mm(위)

(일자, 보고서 성격 또는 "보고서 제목", 부서명, 중고딕, 14p)

헤드라인M, 22p
- 글상자색상 연한옥색, 글상자 테두리선 0.3mm -

중고딕, 15p, 글상자 연녹색, 글상자선 이중테두리
(본문에 문서 취지가 포함될 시 생략 가능)

1. 헤드라인M, 16p

  □ 휴먼명조 또는 헤드라인M, 15p, 1칸 들여쓰기

   ○ 휴먼명조 15p, 2칸 들여쓰기

   - 하이픈, 휴먼명조 15p, 3칸 들여쓰기

   · 점, 휴먼명조 15p, 4칸 들여쓰기

      ※ 중고딕, 13p, 3~7칸 들여쓰기

- 편집여백 : 위·아래 15mm, 좌·우 20mm, 머리말·꼬리말 10mm
- 줄간격 : 기본 130%, 임의로 설정 가능
- 기본글자체 : 휴먼명조, 15p(제목: 헤드라인M 강조: 중고딕)
- 목차체계 : 보고서 내용에 따라 번호체계(1, □, ○ …) 또는
   도형체계(□, ○, - …) 선택
- 문단간격 : 임의로 설정
- 중요한 부분은 **진하게** 또는 파랑색 표시

↔ 20mm(왼) ↔ 20mm(오른)

↕ 15mm(아래)

한번에 오케이!
보고서 작성법

22화

보고서 문장이 깔끔해지는 교정법

'교정(矯正)'은 '잘못되거나 틀어진 것을 바로 잡는다'라는 뜻이다.
보고서에서 교정은 척추 교정으로 허리를 가지런하게 만들듯이
문장을 더 나은 상태로 다듬는 작업이다.

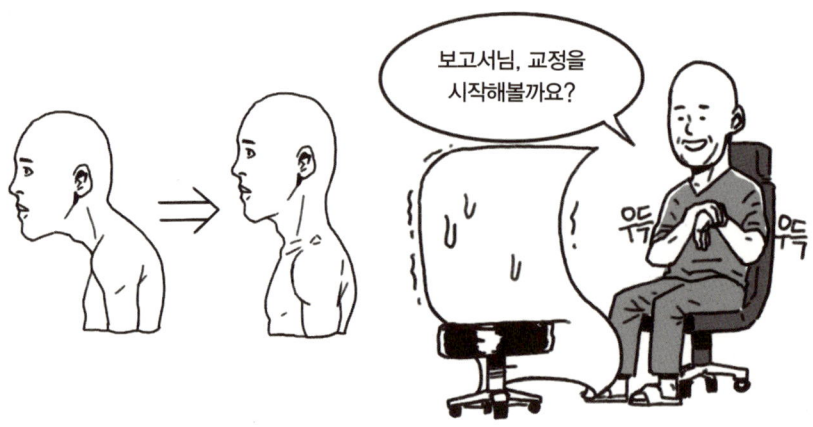

교정을 거쳐야 보고서에 허점이 없다. 교정 또한 능력이다.
교정을 많이 하는 상사는 얄밉긴 하지만, 실력자임을 인정해야 한다.
건전한 교정을 자주 할수록 보고서의 완성도가 높다.

교정할 때는 다음을 점검해주면 좋다. 이른바 글쓰기 교정 체크리스트이다.

〈글쓰기 교정 체크리스트〉
1. 불필요한 단어나 문장이 없는가?
2. 줄여도 되는 문장이 있는가?
3. 꼭 들어가야 할 내용 중 빠진 것은 없는가?
4. 철자나 맞춤법에 어긋난 부분이 없는가?
5. 오탈자가 있는가?
6. 문장 부호를 바르게 사용했는가?

문장에서 불필요한 단어와 문장을 삭제하고 늘여 쓴 말을 압축하는 것은 간결하고 명확한 문서를 위한 기본 교정법이다.

삭제만 잘해도 문장은 한결 훌륭해진다.

불필요한 수식어
- 감탄할 만한 성과를 낸 직원
- 압도적으로 승진에 유리

근거 없는 모호한 문장
- 거의, 조만간, 대체로
- 어느 정도, 가능한 한

불필요한 수식어
- 그러한 아이디어를 내고,
- 우리는 우리의 마음속에

보고서 압축은 다이어트로 몸을 건강하게 가꾸는 것처럼
보고서를 야무지게 만드는 작업이다.
핵심 단어와 핵심 문장 위주로 쓰는 것이 핵심 포인트다.

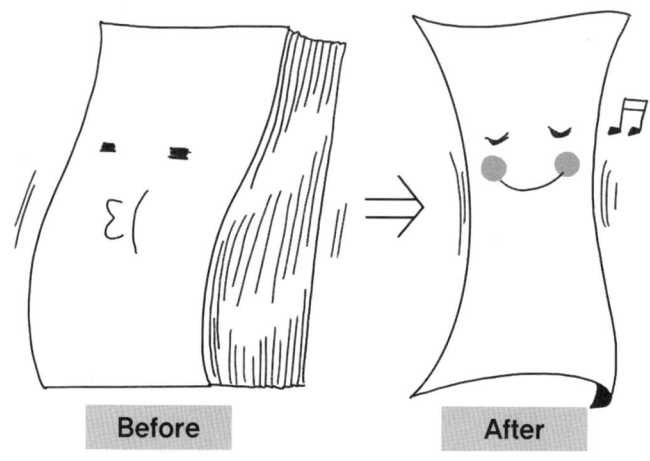

그렇다면 보고서에서 어떤 문장을 축소하는 게 효과적일까?
중복되는 단어와 조사 등을 줄여 쓰거나 다른 말로 바꾸어주면 좋다.

수업 시간에 배운 것은 수업 시간에 암기하고 넘어가야지,
수업 시간에 배우는 것을 놓치면 다음 진도를 따라가기 힘들다.

수업 시간에 배운 것은 그 시간에 암기하고 넘어가야지,
그때 익히지 않으면 진도를 따라가기 힘들다.

수식어 남발도 자제해야 한다.
한 문장에 수식어를 두 개 이상 사용했다면 하나로 줄여야 한다.

문장 교정 원칙을 열 가지로 정리했다.
아래 원칙을 참고해서 보고서를 더욱 건강하게 만들어보자.

〈교정 십계명〉

1. 능동형 문장으로 작성하라.
2. 긍정형 문장으로 기술하라.
3. 주어와 술어가 일치해야 한다.
4. 존칭어는 되도록 생략한다.
5. 전문용어 사용을 절제한다.
6. 문장 내 숫자 사용에 유의하라.
7. 맞춤법에 어긋나지 않게 하라.
8. 외래어도 표준어를 사용하라.
9. 약어는 풀어쓰기를 병행하라.
10. 사소한 오탈자에도 신경 써라.

각각의 세부적인 내용은 더 살펴보자.

① 문장은 수동형보다는 능동형으로 작성한다.
수동형 문장은 문장이 끌려가는 느낌이 있어서 읽는 이에게 부담을 준다.

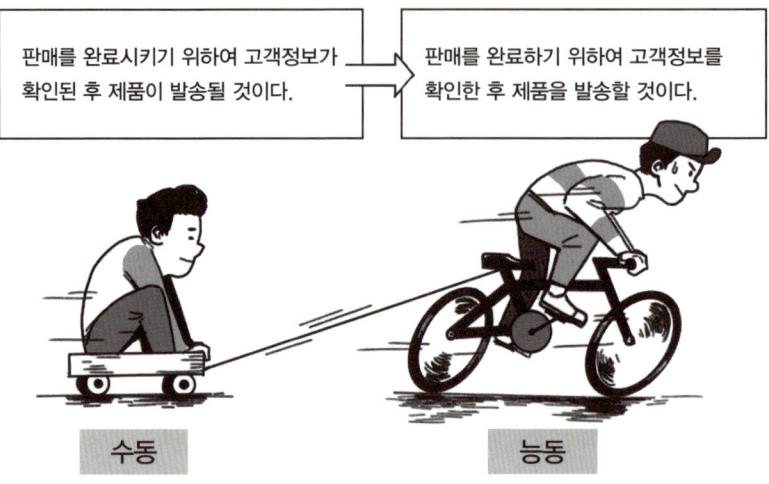

② 웬만하면 부정적 문장보다 긍정적 문장으로 기술한다.
부정의 부정으로 강한 긍정을 표현하는 방식은
국어 시간에만 쓰도록 하자.

③ 주어와 술어가 호응하는지 살핀다. 특히 긴 문장을 쓸 때는 주어와 술어가 매끄럽게 연결되는지 더욱 신경 써야 한다.

④ 원칙상 존칭어는 지위 고하를 막론하고 생략한다. 하지만 존칭어를 쓰는 관례가 있는 조직도 있으므로 상황에 맞게 사용하도록 한다.

⑤ **가능한 한 우리말로 쉽게 쓴다.**
굳이 쓰지 않아도 되는 전문용어나 외래어로 가득한 문장은
잘난 체하는 것으로 비칠 수 있다.

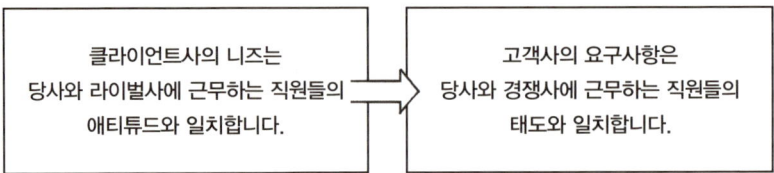

⑥ **숫자 사용에 유의한다.** 큰 수는 그대로 풀어쓰지 말고
'숫자+단위' 꼴로 쓰거나 만 원 단위로 끊어서 표기한다.

⑦ **맞춤법에 맞게 작성한다.**
비표준어 표현은 보고서에서 실례라고 할 수 있다.
맞춤법이 한국어 어문 규범에 부합하는지 확인하도록 하자.

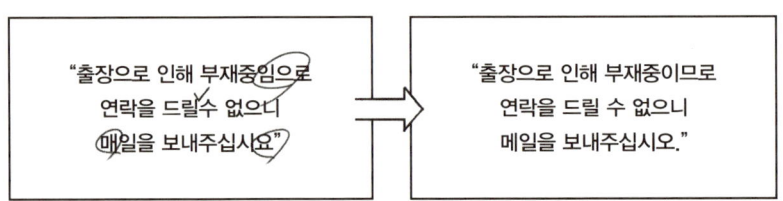

⑧ **외래어도 표준어로 쓴다.**

외래어라고 발음대로 써도 괜찮다는 것은 오산이다.

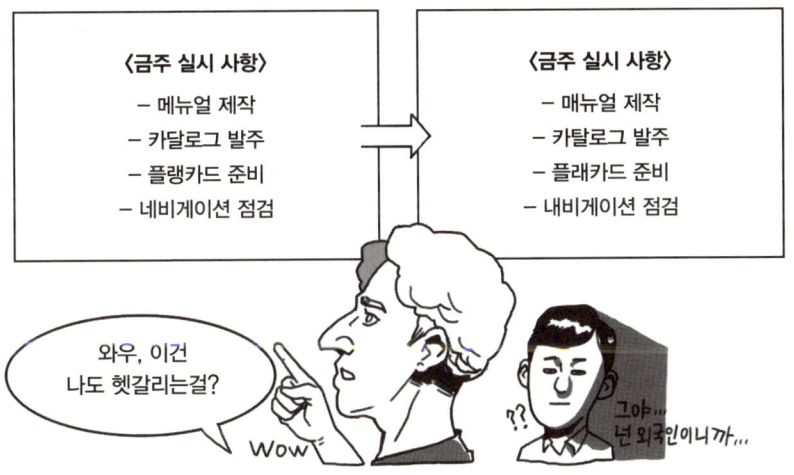

⑨ **준말을 쓰는 경우 본딧말을 병기한다.**

준말로 쓰면 무슨 뜻인지 알 수 없고 해석이 분분하게 나뉠 수 있다.
괄호를 활용해서 준말을 풀어 쓰거나 필요하다면
각주를 다는 것도 검토해야 한다.

⑩ 사소한 오탈자에 유의한다.

오탈자 하나 때문에 보고서의 가치가 곤두박질칠 수 있다.
깐깐한 상사에게 오탈자는 질책의 빌미가 될 수 있으니 조심해야 한다.

교정은 옥에 티를 찾아내는 일이다.
상사들은 보고서를 꼼꼼히 교정해주지 않는다.
따라서 교정 실력이 늘지 않으면 미운털이 박힐 수 있다.
미리미리 교정 실력을 키워둘 필요가 있다.

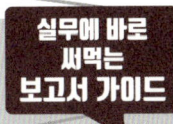

★ 보고서 교정 노하우

아래 예제는 크고 작은 수정사항이 있는 공문서입니다. 언뜻 보기에 별문제가 없어 보이나요? 공문서 표기법과 교정 십계명을 살펴본 뒤에 다시 읽어보면 고쳐야 할 부분이 눈에 띌 겁니다.

교정을 할 때 눈으로 먼저 어색한 부분을 쭉 훑어보세요. 그리고 입으로 읽으면서 꼼꼼하게 확인하길 바랍니다. 이렇게 두 단계만 거쳐도 치명적인 실수는 피할 수 있습니다. 자, 이 노하우를 기억하고 예제를 살펴봅시다. 다음 페이지에서 교정된 예제를 확인할 수 있습니다.

신규직원 현장학습 교육계획(안)

I 개 요

- ❑ 교육일시 : 202*. 11. 21(월) ~ 202*. 11. 25(금)
- ❑ 교육대상 : 대졸 87 명, 초대졸 20 명, 고졸 5명
  - 경력사원 과장 : 김 보고 외 3명 포함
- ❑ 교육장소 : 세종시 교육연수원 / 한국문화진흥원
  - 기간 내 연수원 교육장으로 출퇴근 교육
  - 202*년 11. 24일 10:00시에 예정된 한국문화진흥원 현장학습 진행

II 교육 내용

- ❑ 교육내용
  - ○ 학교 소개, 조직별 역할 및 직무별 소개 등 조직적응 지원교육
  - ○ CEO 특강, 직장인 기본자세, 직무 매뉴얼 등 기본소양 교육
  - ○ 성희롱 등 4대 폭력예방, 정보보안 및 정보보호 등 법정의무 교육

- ❑ 교육비용
  - ○ 총비용으로 30,000,000원 소요
  - ○ 인당교육비 : 구십일만삼천오백원(금913,500원)

V 기타 행정사항

가. 교육생은 교육시작일 09시까지 본사 1층 로비에서 교육 등록 완료
나. 기 제출된 서류가 확인된 후 출장비는 교육여비로 교육 후 지급 예정
  · 근무지-교육장 간 왕복 교통비, 교육시작·종료일 일비 지급

별 첨 : 일정별 교육계획 1부. 끝.

눈으로 훑어보다 보면 표기법의 오류가 눈에 들어옵니다. 시간이나 일시, 명칭 등의 표기가 어색하게 느껴진다면 올바른 공문서 표기법을 찾아 수정하도록 합니다. 그다음 혼잣말하듯 읽어봅니다. 수동 표현, 주어와 술어가 일치하지 않는 문장, 맞춤법에 맞지 않는 용어 등은 입말로 할 때 잘 읽히지 않습니다. 노하우를 잘 활용했다면 아래 예제처럼 보고서를 말끔하게 교정할 수 있을 겁니다.

신규직원 현장학습 교육계획(안)

I 개 요

- 교육일시 : 202*. 11. 21.(월) ~ 11. 25.(금)
- 교육대상 : 대졸 87명, 초대졸 20명, 고졸 5명
  · 경력사원 과장: 김보고 외 3명 포함
- 교육장소 : 세종특별자치시 교육연수원 / 한국문화진흥원
  - 기간 내 연수원 해당 교육장으로 출퇴근 교육 시행
  - 11월 24일 10:00에 예정된 한국문화진흥원 현장학습 진행

II 교육 운영

- 주요 교육내용
  ○ 학교 소개, 조직별 역할 및 직무별 소개 등 조직적응 지원교육
  ○ CEO 특강, 직장인 기본자세, 직무 매뉴얼 등 기본소양 교육
  ○ 성희롱 등 4대 폭력예방, 정보보안 및 정보보호 등 법정의무 교육

- 소요비용
  ○ 총비용으로 3천만 원 소요
  ○ 인당교육비 : 금913,500원(금구십일만삼천오백원)

III 행정 사항

- 교육생은 교육시작일 09:00까지 1층 로비에서 교육 등록 완료
- 이미 제출된 서류를 확인한 후 출장비는 교육여비로 교육 후 지급 예정
  · 근무지-교육장 간 왕복 교통비, 교육시작·종료일 일비 지급

일정별 교육계획 : 붙임 참고.

23화

보고서의 신뢰를 높이는 인테리어

이왕이면 다홍치마이며 보기 좋은 떡이 먹기에도 좋다고 했다.
조금이라도 꾸민 것이 더 좋아 보이는 게 사실이다.

보고서도 잘 꾸미면 고품격 인테리어를 한 듯이 보고서의 격이 달라진다.
보고서 인테리어의 일곱 가지 요령을 알아보자.

① 보고서는 좌측 정렬이 기본이다.
도표의 수치를 제외하고는 우측 정렬은 찾아보기 어렵다.
좌측 정렬을 할 때는 내림차순으로 구성하고
항목별로 적절히 들여쓰기를 해야 한다.

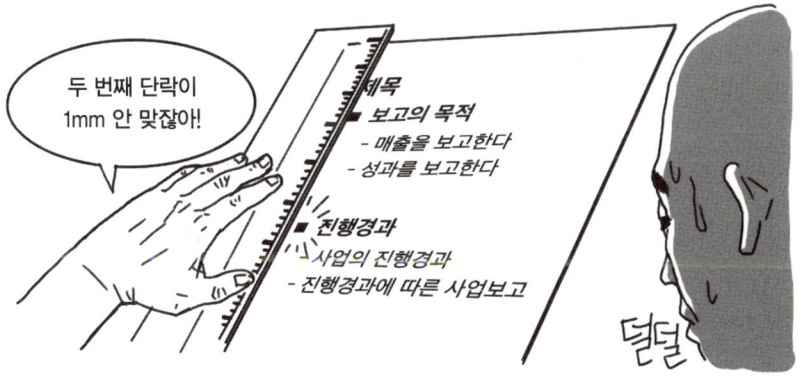

② 단어를 알아보기 쉽게 살린다.
간혹 줄이 바뀌면서 단어의 허리가 두 동강이 나는 경우가 있다.
그럴 때는 문장 끝부분에 여백이 남더라도 줄을 바꿔준다.

③ 글머리 기호에는 정해진 것을 활용한다.
특이한 기호를 쓰는 것은 순정부품을 쓰지 않는 것과 같다.
트럼프카드 기호나 ☆, #, ☞, @ 등은 공문서 기호로 적합하지 않다.

④ 도표를 활용할 때는 길 트기를 한다.
사방이 막혀 있는 도표는 답답한 느낌을 준다.
양 끝 세로줄을 지워 길을 터주고,
위아래 테두리를 굵게 나타내면 한결 명확해 보인다.

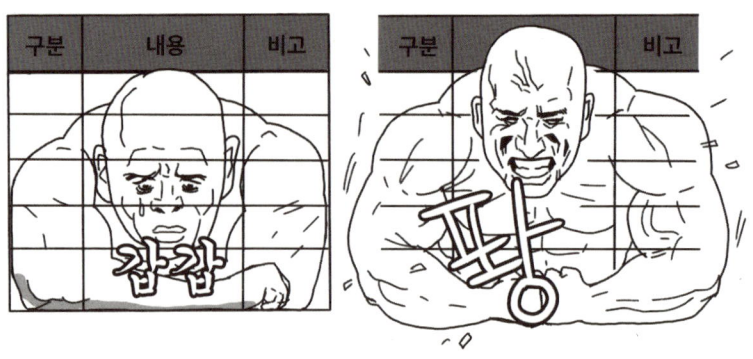

⑤ 어미를 '-임', '-함', '-음' 또는 '-(이)다'로 일관되게 작성한다.
같은 수준의 항목들은 동일하게 끝맺는 게 좋다.

⑥ 글자 크기가 크거나 작지 않게, 또 폰트가 단조롭지 않게 해야 한다.

⑦ 텍스트 만능주의에서 벗어나 이미지와 도표를 활용한다.
한 쪽에 한두 개만 삽입해도 보고서가 더 다채롭고 설득력 있어 보인다.

집을 인테리어하면 한결 정돈되고 고급스러워지듯,
보고서에서도 섬세한 다듬기로 외실까지 갖추도록 하자.

물론 선 내실, 후 외실이다.
먼저 내용을 잘 기획한 뒤에 인테리어로 가치를 더해야 한다.

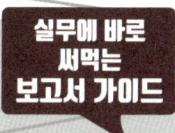

★ 보기 좋은 보고서 만드는 법

인테리어가 잘 된 보고서는 중요한 정보와 그렇지 않은 정보가 한눈에 드러납니다. 또 읽을 때도 눈에 거슬리지 않고 술술 읽히죠. 이로 인해 내용상의 차이가 없어도 가독성이나 전달력에는 큰 차이가 생깁니다. 보고서 인테리어가 필요한 이유죠. 다음 자료를 비교하면 그 차이를 눈치챌 수 있을 겁니다. 먼저 인테리어가 아직 덜 된 보고서입니다.

20〇〇년 사내 근속 기념행사 계획 보고

재직기간 동안 맡은 바 직무를 성실히 수행하고 회사 발전에 기여한 선배들의 공로를 기리며 이를 공식적으로 기념하기 위한 행사임.

☐ 행사 개요
  ○ 일시: 20〇〇. 〇. 〇〇.(월) 10:30 ~ 13:30
  ○ 장소: 본사 7층 대회의실
  ○ 대상자: 장보고 부장 외 12명(30년 근속대상자)
  ○ 참석자: 전 직원(부서 필수근무 인원 제외)

☐ 시간 계획

시 간		세부내용	비 고
10:30~10:35	(5')	개회(인사말)	총무팀장
10:35~10:40	(5')	꽃다발, 감사패 전달	대표이사
10:40~10:50	(10')	격려사(송별사)	대표이사
10:50~12:00	(10')	퇴임사	장보고 부장
12:00~12:10	(10')	폐회(기념촬영)	총무팀장
12:10~13:30	(80')	식사 및 마무리	〇〇〇(〇〇동 소재)

☐ 집행예산: 금39,600천원
  ○ 행사 비용: 화환, 무대 장치, 중식비 등 7,600,000원
  ○ 기념품 제작: 30년 근속 기념품 32,000,000원
    ☞ 각 대상자에게 감사패 및 순금 0돈 상당의 기념주화 증정

☐ 붙임 대상자별 근속 세부내역 1부. 끝.

인테리어할 때 신경 써야 하는 점들을 다시 한번 짚어보겠습니다. 제목은 눈에 잘 띄어야 하고, 핵심항목은 폰트를 바꾸고 정렬해주어야 합니다. 단어가 잘려서는 안 되며, 도표는 양 옆을 터주면 좋습니다. 비용의 경우 한글로 적어주어야 읽기 쉽습니다. 소항목은 괄호로 묶어주도록 하고요. 붙임엔 글머리를 쓰지 않다는 점, '끝.'은 두 칸을 띄고 표기한다는 점을 명심하세요. 수정된 보고서는 다음과 같습니다.

20○○년 사내 근속 기념행사 계획 보고

재직기간 동안 맡은 바 직무를 성실히 수행하고 회사 발전에 기여한 선배들의 공로를 기리며 이를 공식적으로 기념하기 위한 행사임.

☐ **행사 개요**
- 일 시: 20○○. ○. ○○.(월) 10:30 ~ 13:30
- 장 소: 본사 7층 대회의실
- 대상자: 장보고 부장 외 12명(30년 근속대상자)
- 참석자: 전 직원(*부서 필수 근무인원 제외)

☐ **시간 계획**

시 간		세부내용	비 고
10:30~10:35	(5')	개회(인사말)	총무팀장
10:35~10:40	(5')	꽃다발, 감사패 전달	대표이사
10:40~10:50	(10')	격려사(송별사)	대표이사
11:50~12:00	(10')	퇴임사	장보고 부장
12:00~12:10	(10')	폐회(기념촬영)	총무팀장
12:10~13:30	(80')	식사 및 마무리	○○○(○○동 소재)

☐ **집행예산**: 금39,600,000원(금삼천구백육십만원)
- (행사 비용) 화환, 무대 장치, 중식비 등 7,600,000원
- (기념품 제작) 30년 근속 기념품 32,000,000원
- ※ 각 대상자에게 감사패 및 순금 0돈 상당의 기념주화 증정

붙임 대상자별 근속 세부 내역 1부. 끝.

24화

자주 헷갈리는 용어 총정리

용어를 혼동하는 일은
보고서를 작성할 때
자주 겪는 문제다.

하지만 한번만 제대로 익혀두어도 헷갈릴 일이 훨씬 적다.
보고서를 작성할 때 자주 틀리는 비표준어, 헷갈리는 단어,
관례상 알고도 잘못 쓰는 용어 등을 정리해보았다.

**보고서에 자주 쓰는 '향후', '추후', '차후'는
각각 구분해서 사용되어야 하는 표현이다.**
사전상 명확히 구분되진 않지만 미묘하게 의미가 다르다.

또 '향후'와 '추후'는 기약이 없고 '차후'는 기약이 있다.
'향후 추진방안'이나 '추후 조치방안'이라고 하면,
방안이 실제로 실행될지 알 수 없다.

24화 자주 헷갈리는 용어 총정리

'주최'와 '주관'이라는 표현도 자주 혼동하는데,
'주최'는 판을 벌이는 것이고 '주관'은 운영과 관리를 담당하는 것이다.
기획부터 운영까지 도맡아 하면 '주최 및 주관'이라고 한다.

건설 사업을 예로 들면, 시행사는 새로운 사업을 추진하는 주최자이고,
시공사는 공사를 맡아 진행하는 주관사이다.
대행사가 분양, 안전 감독 등 일부 절차를 분담하기도 한다.

메일이나 메시지를 발송할 때, '참고하여 주시기 바랍니다' 또는 '참조하여 주시기 바랍니다'라는 표현을 종종 쓴다.
이때, 비교할 사항이 있는 경우에만 '참조'라고 써야 한다.

'배상'과 '보상'도 구별해서 써야 한다.
'배상'은 불법적인 이유로 발생한 손해를 물어주는 일이고,
'보상'은 합법적인 이유로 발생한 손해를 갚아주는 일이다.

'고시'와 '공고'의 차이도 알아보자.
'고시'는 널리 알린다는 뜻으로, 개정 및 폐지하지 않는 한 법적 효력이 유지되는 것이고, '공고'는 단기간에 특정 사항을 알리는 것이다.

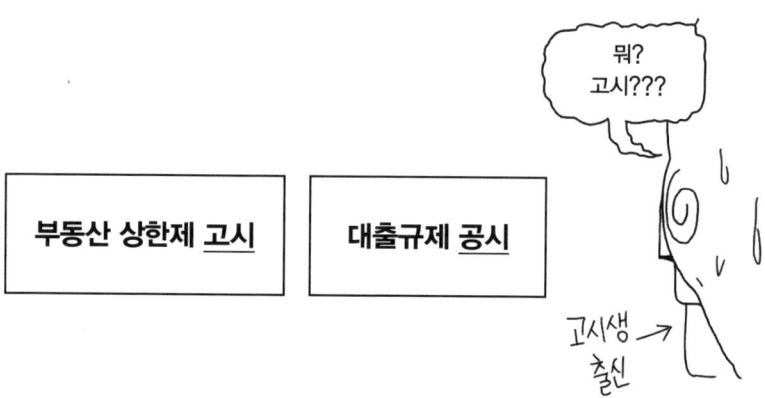

연도 표기를 조심하자. '-년도'는 일정한 기간의 단위로서 그해를 가리킨다. 일정 주기마다 반복되는 일이라면 '-년'이 아니라 '-년도'를 써야 한다.

예를 들어, 학년도는 매년 3월 첫째 날부터 이듬해 2월 마지막 날까지를, 회계 연도는 1월 1일부터 12월 31일까지를 한 단위로 한다. '-전'은 해당 날짜를 포함하지 않고, '이전'은 해당 날짜까지 포함한다는 것도 기억해야 한다.

같은 의미인 듯 보이지만 미묘하게 다른 용어들도 있다.
대표적으로 '주인공'과 '장본인'이다.
'주인공'은 당사자를 긍정적으로 가리키고,
'장본인'은 당사자를 부정적인 맥락에서 지칭한다.

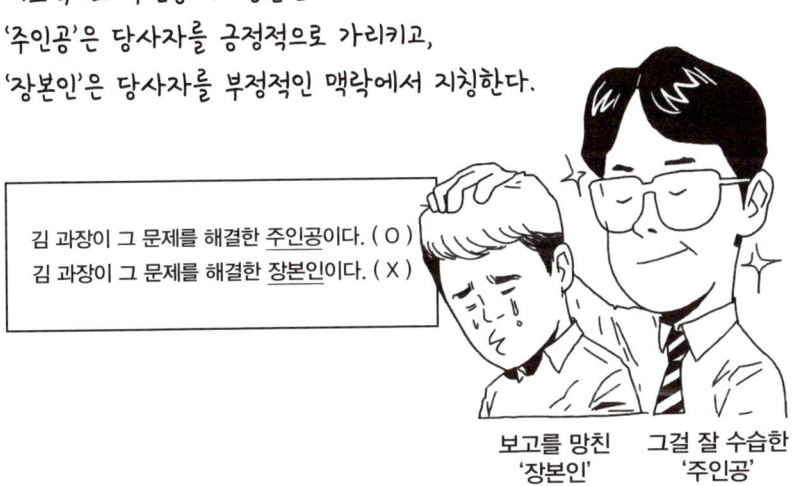

김 과장이 그 문제를 해결한 <u>주인공</u>이다. (O)
김 과장이 그 문제를 해결한 <u>장본인</u>이다. (X)

보고를 망친 '장본인'   그걸 잘 수습한 '주인공'

연말 행사에서 "이 자리를 빌어···"라고 소감을 말하는 경우가 있는데,
==올바른 표현은 '빌어'가 아니라 '빌려'라는 걸 유념해야 한다.==

이 자리를 빌어 도와주신 모든 분들께
감사드립니다. (X)
이 자리를 빌려 도와주신 모든 분들께
감사드립니다. (O)

작년 연말···
이 자리를 빌어···
빌려!!!
이건 내가 잘 알고말고···.

'붙이다'와 '부치다'도 다른 뜻이다.
사업을 적극적으로 추진하는 경우를 표현하고자 한다면,
'밀어부치다'가 아니라 '밀어붙이다'라고 써야 한다.

부치다	붙이다
① 편지, 소포 등을 보내다.	① 떨어지지 않게 하다.
② 힘이 모자라다.	② 가까이 닿게 하다.
③ 음식을 지지다.	③ 말을 붙이다.
④ 회의, 표결 등에 부치다.	④ 접을 붙이다.
⑤ 부채질 하다	⑤ 눈을 붙이다.

정부가 신재생 에너지 사업을 밀어부쳤다. (X)

정부가 신재생 에너지 사업을 밀어붙였다. (O)

"이번 프로젝트, 밀어붙여!"

"힘에 부쳐요…."

헷갈리는 용어의 본뜻과 용례를 찾아본 뒤에
정확하게 활용하는 습관을 들여야 한다.

"휴우, 다행히 다 맞췄네요."

"점심이나 먹으러 가자고! 김치'찌게' 어때?"

보고서에서는 작은 차이가 큰 차이로 이어진다.

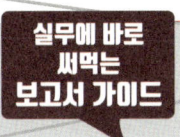

★ 헷갈리는 표현 바로잡기

보고서에서 단어 하나 때문에 무슨 일이 생기겠느냐고 생각한다면 오산입니다. 보고서는 한두 명이 보는 게 아니라 회사 전체에 공유되고 외부에 게시되는 대표성이 있기에 사소한 실수를 하지 않아야 합니다. 이를테면 비용을 결재할 때 표현을 신경 쓰지 않는다면, '시행사'에 입금되어야 할 대금이 '시공사'에 잘못 지급될 수 있고 예산 청구비용에 숫자가 하나 빠져서 예산이 10분의 1밖에 주어지지 않는 경우도 생길 수 있죠. 극단적인 예시이긴 하지만, 회사에선 이런 일이 생각보다 빈번하게 일어납니다.

아래 자료는 가상의 채용 공고입니다. 앞서 살펴본 헷갈리는 표현을 곳곳에 숨겨두었습니다. 처음엔 틀린 것도 없고 있어도 별 게 아니라고 생각할지도 모릅니다. 그렇지만 작은 부분도 고쳐보는 습관이 필요합니다. 큰 실수를 방지하기 위해서 말입니다. 이제 의미를 파악하며 고쳐보세요. 다음 페이지에서 정답을 확인할 수 있습니다.

공공부문 스마트사업 분야 공개채용 안내

본 기관은 지속가능한 사업계획을 수립하고 단기간에 반드시 추진할 수 있는 추후 사업 방향을 모색하고 운영하는 사업 주최 업체입니다.

급변하는 환경 변화에 맞는 스마트사업에 대한 추진은 정부가 이미 법적 공신력으로 공고하여 밀어부친 공약사업이기도 합니다.
대외적인 여건을 참조할 때 스마트사업에 대한 전망은 매우 고무적이라고 판단합니다.

이에 따라 도전과 비전 그리고 전문적 역량을 갖추고 선진화된 사업전략을 실현할 인재를 이 자리를 빌어 모집하오니 유능한 전문인력의 많은 지원 바랍니다.

20**년 **월 **일
공공부문 스마트사업 추진단장

공공부문 스마트사업 분야 공개채용 안내

본 기관은 지속가능한 사업계획을 수립하고 단기간에 반드시 추진할 수 있는 차후 사업 방향을 모색하고 운영하는 사업 주관 업체입니다.

급변하는 환경 변화에 맞는 스마트사업에 대한 추진은 정부가 이미 법적 공신력으로 고시하여 밀어붙인 공약사업이기도 합니다.
대외적인 여건을 참고할 때 스마트사업에 대한 전망은 매우 고무적이라고 판단합니다.

이에 따라 도전과 비전 그리고 전문적 역량을 갖추고 선진화된 사업전략을 실현할 인재를 이 자리를 빌려 모집하오니 유능한 전문인력의 많은 지원 바랍니다.

20**년 **월 **일
공공부문 스마트사업 추진단장

교정된 문서를 하나씩 살펴보죠. 첫째로 스마트사업이 '단기간에 추진될 예정'이니, '추후'보다는 가까운 미래를 뜻하는 '차후'가 더 정확한 표현입니다. 또 사업 방향을 모색하고 운영하는 역할만 수행하는 업체이니 '주최 업체'가 아니라 '주관 업체'가 맞습니다.
법적인 효력이 있는 공약 사업이므로 '공고'보다 '고시'가 어울리고, '밀어부치다'는 '밀어붙이다'로 교정해줍니다. 참조는 비교해야 할 대상이 있어야 하죠. 스마트사업과 비교되는 다른 사업이 있다면 맞는 표현이겠지만, 여기에선 '참고'가 맞습니다. 마지막으로 '이 자리를 빌어'라는 잘못된 표현을 '이 자리를 빌려'로 정정해주면 교정이 무난합니다.
교정은 회사에서 상사가 부하직원에게 내세울 수 있는 글쓰기 역량입니다. 고작 오탈자를 수정해주는 것보다 바람직한 용어를 찾아서 척척 알려준다면 상사는 뿌듯한 자부심이, 부하직원은 상사에 대한 존경심이 더 생기지 않을까요?

25화

보고서다운 프레젠테이션 자료 만드는 법

보고서는 용도와 형태에 따라 다양한 유형이 있다.

텍스트 위주인 세로 문서는 한글이나 워드(Word) 같은 문서 프로그램으로, 이미지 위주의 가로 문서는 대부분 파워포인트(PowerPoint)로 만들어진다.

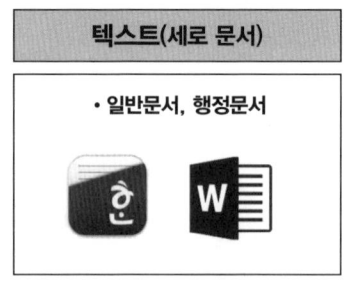

수치를 정리하고 통계치를 시각화하는 기능에 특화된 엑셀(Excel)은 보고서에 유용하게 활용된다. 모든 문서를 엑셀로 작성하는 회사도 간혹 있다.

그러나 각 프로그램의 특성을 고려해서 보고서에 활용할 때 보고서의 가독성이 가장 좋다.

구분	유형	속성	형태	강조사항
한글, 워드	일반적인 문서	• 텍스트 위주 • 이미지 삽입 가능	세로형	가독성
엑셀, 스프레드시트	데이터 중심의 문서	• 수치, 통계자료, 데이터 등 정리 가능	가로 또는 세로형	가독성, 가시성
파워포인트	프레젠테이션용 문서	• 텍스트 및 이미지, 데이터 포괄	가로형	가시성

좋은 보고서는 텍스트와 이미지가 적절하게 조화되어 서로의 단점을 보완해주는 보고서, 즉 혼합 보고서라고 할 수 있다.

보고서에선 균형을 잘 잡는 것이 중요하다.
늘 작성해오던 방식을 고집하다 보면 보고서를 쓰는 요령이 늘지 않는다.

텍스트 위주의 보고서도 개조식 혹은 서술식으로만 작성되어선 안 된다. **개조식과 서술식을 적절하게 혼합할 필요가 있다.**

큰 항목은 개조식으로, 세부항목은 서술식으로 작성하면 변화를 주면서도 일관성을 유지할 수 있다.

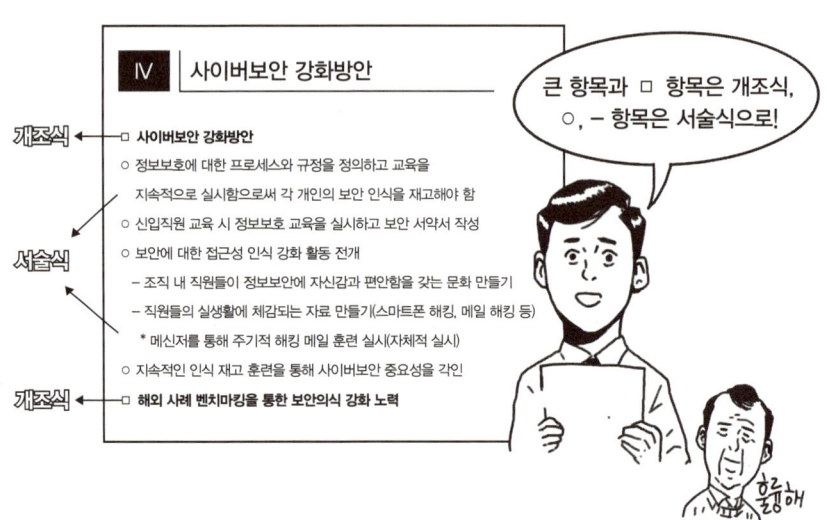

또 한 페이지에 모든 내용을 담아내려 하기보단
자세한 내용을 붙임 자료로 안내하고 끝부분에서 정리하는 게 깔끔하다.

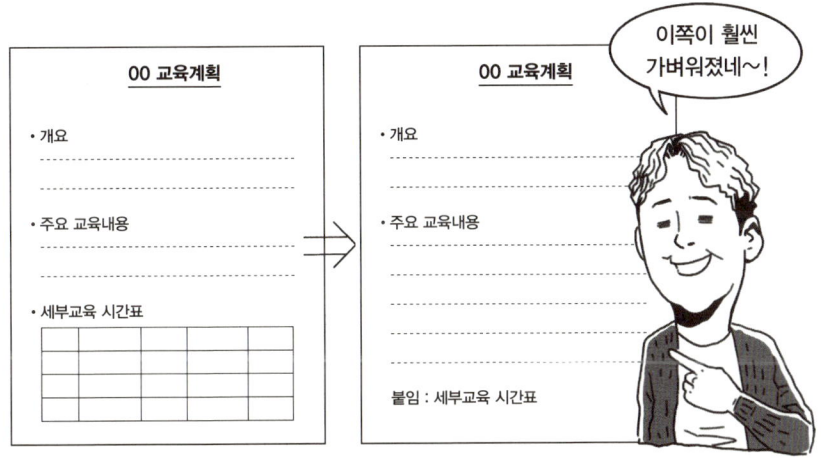

항목을 구성할 때 상위 항목과 하위 항목이 중복되지 않도록 주의해야
한다. 내림차순 구성의 의미가 희석될 수 있기 때문이다.

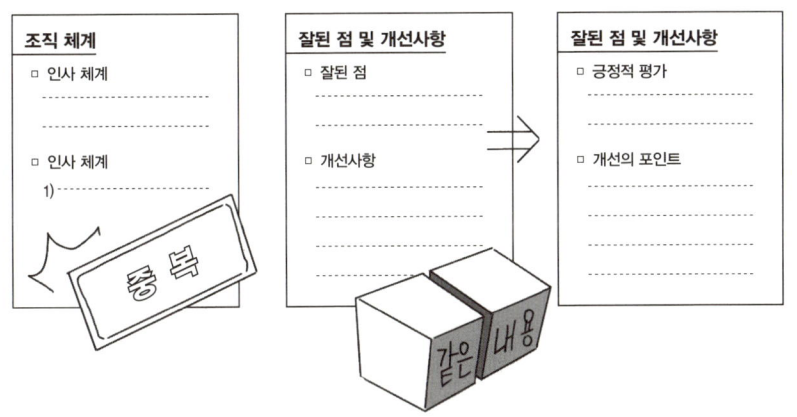

**같은 항목을 여러 항목으로 쪼개서 적는,
이른바 '깍두기식 항목 구성'도 피해야 한다.**

내용이 길어지면 독이 된다.
문장은 한 줄, 길어도 두 줄에서 세 줄 정도가 적당하다.
세 줄을 넘어가면 읽을 때 호흡이 길어진다.

문장 일부를 밑줄, 색깔, 기울이기 등으로 강조하는 건 낡은 방식이다.
강조가 필요한 부분만 굵은 글씨로 나타내기로 하자.

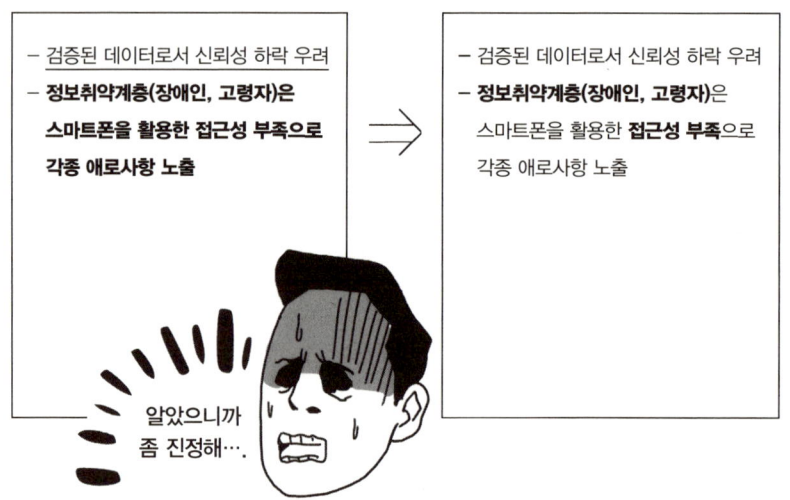

프레젠테이션 문서를 만들 때는 내용을 이미지로 범주화해서 구성하는 게 좋다. 한 화면에 사용하는 범주화 이미지는 두 개에서 다섯 개가 적당하다. 그 이상은 산만해 보일 수 있다.

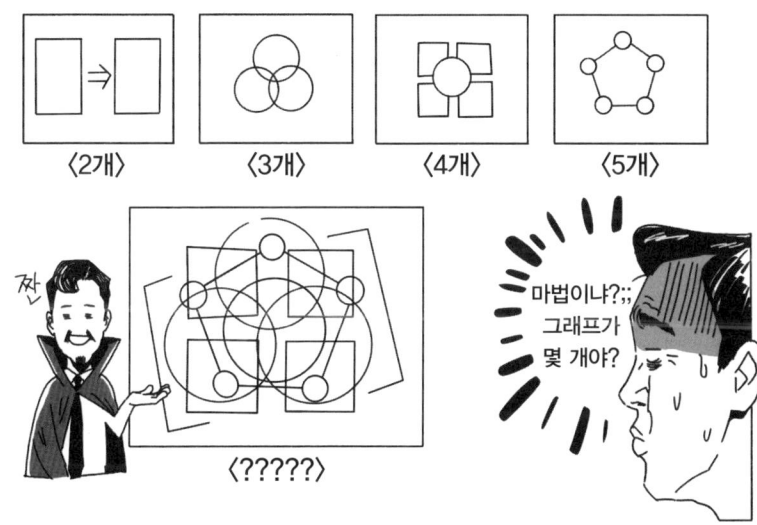

그래프를 활용하는 경우 각 그래프의 특성을 알고

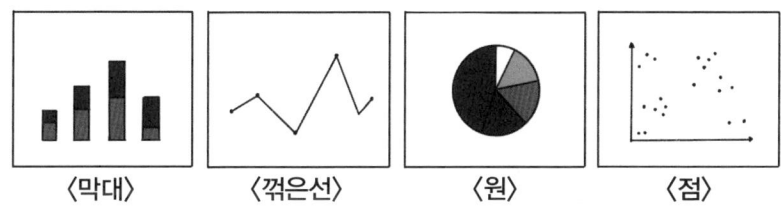

자료의 성격, 프레젠테이션의 대상에 따라 그래프를 달리 사용할 때 훨씬 효과적이다.

각 그래프의 특성을 간단하게 정리하면 이렇다.

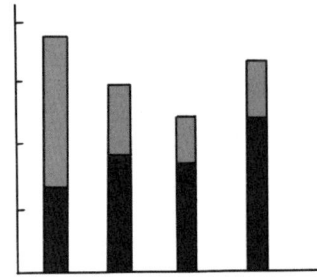

막대그래프는 여러 항목의 구성비를 나타낼 때 쓴다.

꺾은선그래프는 시간 경과에 따른 추이를 드러내는 데 적합하다.

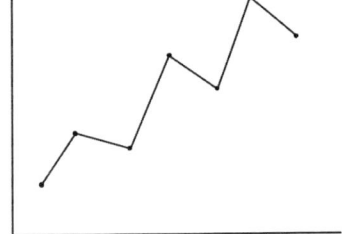

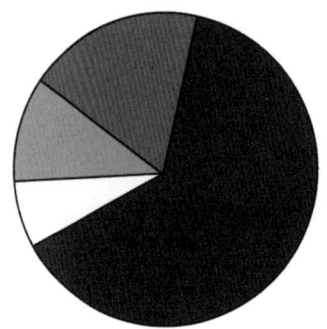

'파이차트(pie chart)'라고도 불리는 원그래프는 세부항목의 비율이나 점유율을 표시할 때 유용하다.

상관관계, 포지셔닝 등을 나타낼 때는 점그래프를 활용하는 게 적절하다.

최근에는 자료도 한 가지 형태로만 나타내지 않는다.
여러 그래프 형태를 혼합한 융합형 그래프가 대세이다.
보고서도 응용·발전하고 있다.

보고서는 시대적 변화에 발맞춰서 다양하게 작성되어야 한다.
그러나 어떤 새로움을 접목하든 '보고서다움'을 잊어선 안 된다.
본연의 목적을 잃어버린 보고서는 한낱 종이라는 걸 명심해야 한다.

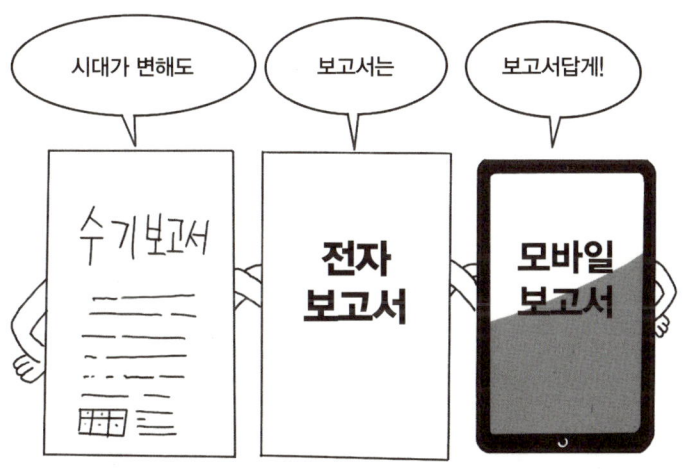

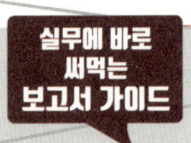

★ 텍스트 문서를 이미지 문서로 표현하기

이미지 문서는 내용을 한눈에 파악할 수 있는 장점이 있습니다. 아래 자료는 코로나19 확진자 현황을 정리한 보고서로, 실제가 아니라 실습을 위한 예제입니다. 이 자료를 이미지 자료로 표현한다면 어떤 방법을 사용하는 게 좋을까요?

하반기 코로나19 확진자 현황

(단위: 명)

구분	7월	8월	9월	10월	11월	12월	월 평균 증가율
계	2,468	2,522	2,578	2,702	2,750	2,802	3%

이 자료를 잘 표현하기 위해서는 두 가지를 염두에 두어야 합니다. 하나는 월별로 수치가 달라진다는 점, 다른 하나는 수치가 일정하게 증가한다는 점입니다. 저는 전자를 막대그래프를 통해, 후자는 꺾은선그래프를 통해 나타내는 것이 좋다고 보았습니다. 두 가지 자료를 동시에 활용하는 것이죠. 그래프 자료와 함께 눈여겨볼 만한 내용을 덧붙여주면, 현황을 잘 나타내는 이미지 자료가 완성됩니다.

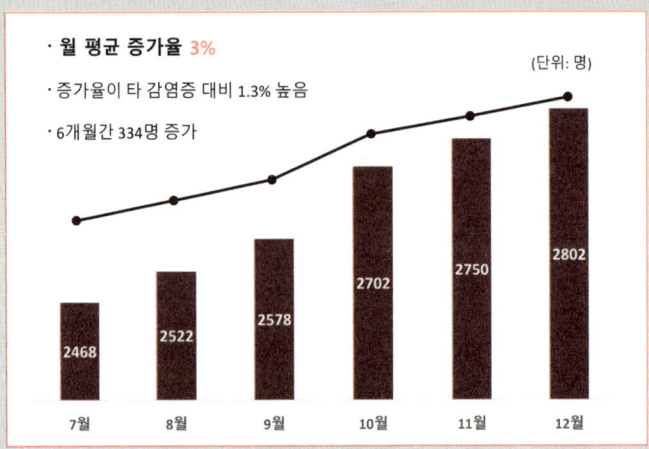

26화

메신저 보고서도 보고서다!

바야흐로 4차 산업혁명 시대이다.
앞으로는 보고서를 온라인으로 작성하고 보고하는 일이
더욱 활성화될 것이다.

재택근무 비중이 늘어나면서 화상회의와 화상보고가 더 잦아지고,
전자결재, 이메일, SNS 등 보고 수단도 다각화되고 있다.

그중 전자결재 시스템은 이미 공공기관, 일반기업 등
여러 조직에서 커뮤니케이션 수단으로 적극 활용되고 있다.

전자결재 보고서라고 해서 작성법이 특별히 정해져 있는 게 아니다.
지금까지 배운 보고서 작성법을 토대로
해당 시스템이 요구하는 포맷에 맞게 작성하면 된다.

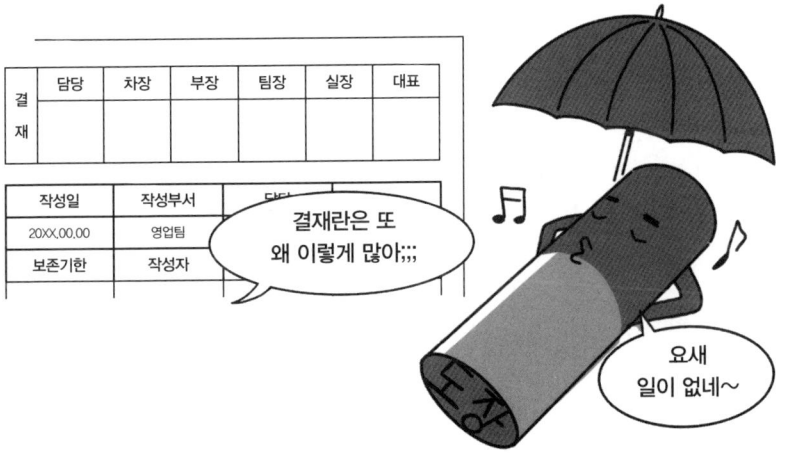

전자결재 시스템은 구매의뢰, 지출결의, 제반정산 등 정형화된 보고를 할 때 주로 활용된다.

창의력이 동원된 기획보고서까지 전자결재로 처리하는 건 한계가 있다.

전자결재 시스템에 구현된 잘 짜인 기안서 양식은 각종 행정업무, 인사 임명이나 발령, 공지사항 등 회람이 필요한 문서에 널리 쓰이고 있다.

전자결재 보고서는 일반보고서와 유사하다. 유의할 점은 비대면으로 이뤄지기 때문에 상대방이 전자결재 보고서만 보고도 의사결정을 내릴 수 있도록 공을 들여야 한다는 점이다.

중요한 사안의 경우, 중간에 대면보고가 이뤄질 수 있다. 전자결재라도 일반결재와 다르지 않다는 생각으로, 모든 가능성을 열어두고 철저히 준비해야 한다.

26화 메신저 보고서도 보고서다!

이메일과 메신저를 통해서 보고가 이뤄지는 빈도가 늘고 있다.
메신저 대화방에 '사내 보고방'이라는 악명이 붙기도 하는 현실이다.

메신저만으로 기획보고서를 쓰는 건 무리가 있다. 메신저는 현황이나 경과와 같은 간단한 의사를 주고받는 조력자 역할이다.

간혹 보고서를 대신해 간략하거나 긴급한 보고 내용을 전달할 때는, 메신저가 효과적으로 활용되기도 한다.

메신저는 공지사항 커뮤니티 역할도 한다.
==이때, 작성자는 축소판 보고서를 작성한다고 생각하고
내용을 구조화하고 개조식으로 요약해 전달해야 한다.==

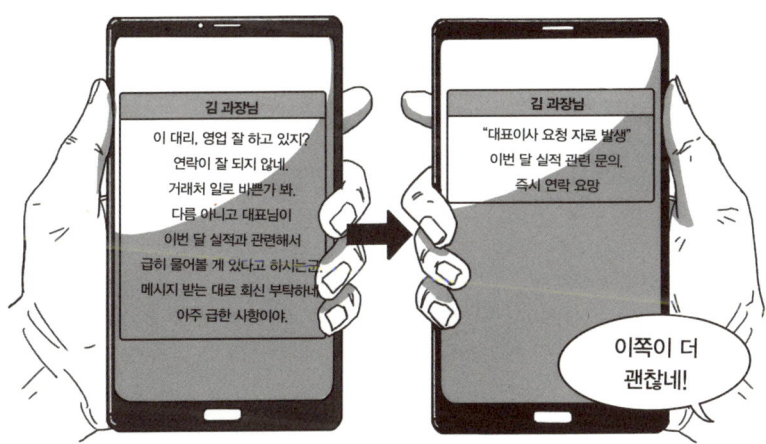

메신저 보고서에는 또한 많다.
지나치게 편리하다 보니 상사가 시도 때도 없이 답변을 요구하는 일이 생긴다. 부하직원 입장에선 늘 대기해야 하니, 스트레스일 수밖에 없다.

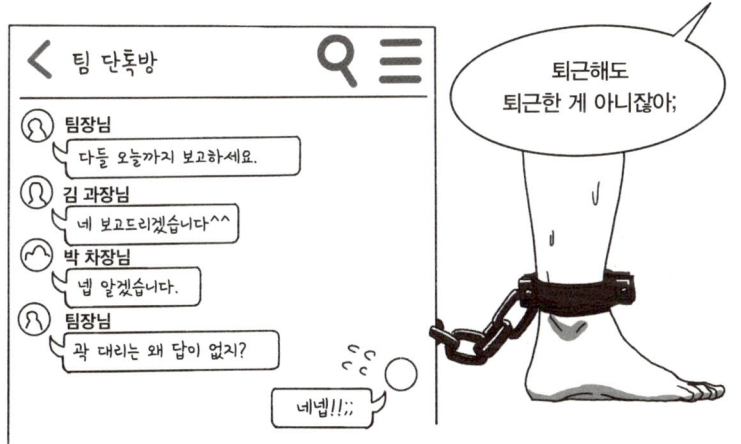

메신저로 보고를 주고받을 때는 쌍방의 합의가 중요하다.
유능한 리더는 출장이나 휴가를 갈 때 단체 대화방에서 잠깐 나가 있는 사람이라고 한다.

언제 어디서든 쉽게 소통할 수 있는 메신저는 양날의 칼이다.
일과 일상의 경계를 침범하지 않는,
온라인상 보고서 문화가 건전하게 자리 잡기를 바란다.

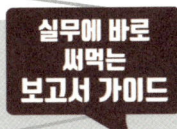

★ 메신저로 간단 보고하기

직장인들의 재택근무가 더 많아지고 인터넷, 소셜미디어, 메신저 등을 통한 업무상의 소통도 잦아졌습니다. 그에 따라 자연스럽게 메신저 보고도 일상화되었죠. 편리하게 활용할 수 있어서인지, 메신저 보고를 너무 쉽게 생각하는 분들이 많습니다. 하지만 많은 설명을 덧붙일 수 없는 메신저의 특성상 이를 통해 보고서를 작성하려면 그만큼 더 잘 정돈해야 합니다. 아래 예시를 통해 알아보도록 합시다.

> 팀장님,
> 홍보팀 홍 대리입니다.
> 노트북 프로모션 의견입니다.
> 기존의 중저가 시장 공략보다는 차별화된 기능을 내세운 전략을 모색해야 합니다.
> 대학 내에서 저렴하게 노트북을 대여해주는 서비스를 통해 긍정적 이미지를 유도하는 마케팅 방안을 계획 중입니다.
> 또한 광고 모델로 실제 대학생 모델을 선발해, 친근감을 어필할 수 있는 광고 전략이 필요합니다.
> 이를 위해 우선 CF 촬영을 위한 기획 작업에 들어갈 예정입니다.
>
> 오후 3:19

김 팀장
> 조금만 더 정리해서 말해줄래요?;
> 오후 3:20

홍 대리의 메신저 보고서는 어떤가요? 눈에 잘 들어오지 않습니다. 핵심만 담아 보고를 할 필요가 있습니다. 구체적인 내용은 차후에 대면하여 설명하거나, 실제 보고서를 작성하는 게 좋겠죠. 메신저에서는 간결하고 명확한 용건을 우선 제시해야 합니다. 간단 보고서를 만들면 다음 페이지와 같습니다.

> 팀장님,
> 홍보팀 홍 대리입니다.
>
> 신학기 대학생을 위한
> '아카데미 버전' 노트북,
> 프로모션 의견입니다.
>
> 1. 프로모션 방향
> - 차별화된 기능 강조
> - 노트북 대여 서비스를 통한
>   긍정적 이미지 유도
> - 실제 대학생 모델을 선정,
>   친근감 있는 광고 전략
>
> 2. 추후 예정사항
> - CF 촬영을 위한 기획 작업 계획 중
>
> 이상입니다.
>
> 오후 4:06

김 팀장
> 오케이, 알겠어요.
> CF 촬영 일정 잡히면
> 말해주세요.
>
> 오후 4:07

핵심만 구조화하여 보냈더니 김 팀장도 흔쾌히 오케이를 했군요. 메신저 보고서는 간결함이 생명이다. 잊지 마세요!

27화

직장인의 필수 덕목!
이메일 보고서 쓰기

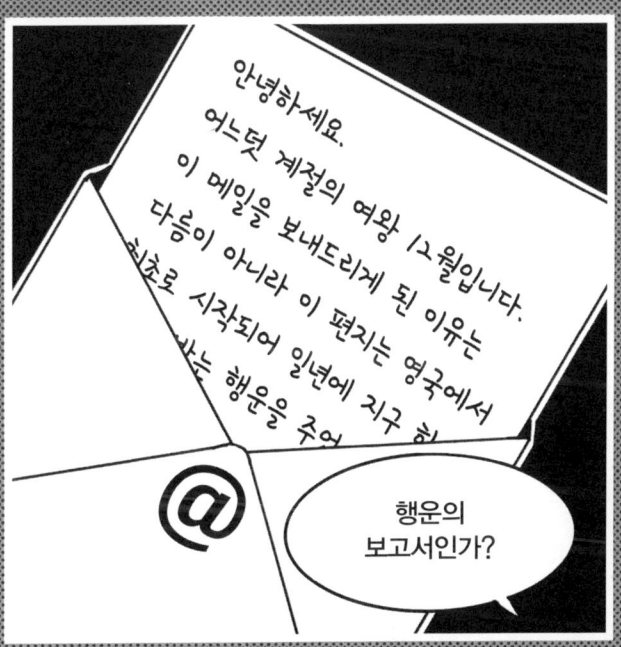

직장인 가운데 이메일을 이용하지 않는 사람은 거의 없을 것이다.
이메일은 문서보다 간단하고 빠르게
의사를 전달할 수 있다는 장점이 있다.

이메일로 보고서를 쓴다기보다 이메일에 보고서를 첨부하는 게 일반적이다.
이때, 일상적으로 대화하듯 보고서를 작성해선 안 된다.
비즈니스에선 상대방에게 실례를 범하는 일이다.

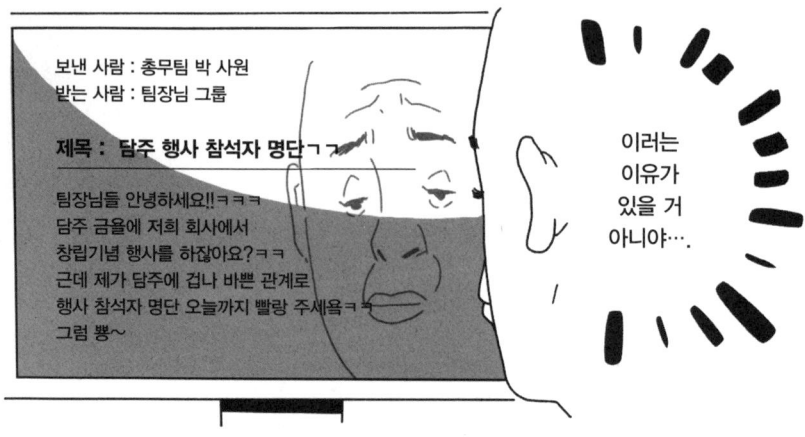

이메일은 수신자가 읽었을 때 회수할 수 없기 때문에 성급하게 보내서는 안 된다. ==발송하기 전에 정보가 정확한지, 글은 의사를 잘 담고 있는지 검토해야 한다.==

부득이 이메일로 대신 보고할 때는 글의 논리 흐름을 신경써야 한다.
결론을 먼저 기술하고 근거를 이야기한 뒤에
실행·조치 방안으로 끝맺는 흐름이 좋다.

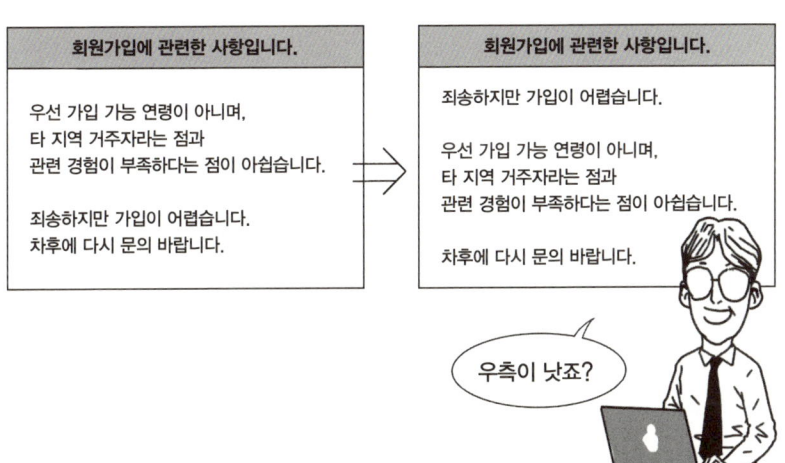

이메일 제목은 내용을 담고 있되 너무 길어서는 안 된다.
또 제목을 잘못 작성해 스팸메일로 오인하는 일은 없도록 해야 한다.
신문의 헤드라인처럼 작성하는 것이 좋다.

본문의 글은 쉽고 짧게 써야 하며, 여백이 많이 남지 않도록 적절하게 행을 바꿔준다.

분량은 어느 정도가 적당할까?

<mark>전문가들은 1000자 이내를 권고한다.</mark>
마우스를 스크롤하지 않아도
전체 내용이 한눈에 들어오는 분량이다.

스크롤 없이 한 화면에 쏙 들어오게!

이메일로 보고할 때도 지켜야 할 에티켓이 있다.
에티켓을 잘 지켜서 작성자의 품위를 유지하고
상호 신뢰를 잃지 않도록 하자.

가는 이메일이 고와야

오는 이메일도 곱겠지?

27화 직장인의 필수 덕목! 이메일 보고서 쓰기

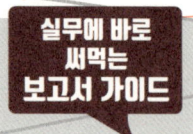

★ 이메일로 소통하는 법

이메일은 뭐니 뭐니 해도 직장인의 가장 중요한 소통창구입니다. 공적 활동이나 비즈니스 차원에서는 격식을 차릴 수 있고, 업무의 기록을 남기기 용이하죠. 이 메일을 쓸 때는 너무 장황하진 않은지 신경 써야 합니다. 스크롤 한 번으로 모든 내용을 파악할 수 있도록 간결하고 명확해야 합니다. 그럼 이메일은 어떤 형태여야 할까요? 예시를 통해 알아보도록 하죠.

받는 사람:	최 대표님(choi00@bogoseo.net)
참조:	
제목:	강연 안내
파일첨부:	약도.jpg 참석자명단.xlsx

안녕하세요, 최 대표님^^
㈜콘텐츠코리아의 김 실장입니다.

오늘까지 행사 진행에 바빴던 관계로 이제서야 연락을 드립니다.
바쁘신 일정 가운데 이번 "메타버스의 미래와 우리의 전략"이라는 컨퍼런스 강연을 수락해주셔서 정말 감사드립니다.
강의 안내를 해드립니다.

강연 일정은
20**년 10월 22일 목요일 10:00~11:30입니다.
강의시작 15분 전에 도착하셔서
안내데스크에서 저를 찾아주시면 됩니다. (010-7676-0897)

이번 행사에도 도움을 주셔서 대단히 감사드립니다.
추후 자세한 사항은 별도로 알려드리겠습니다.

아, 참! 주차 지원이 안 되는 거 아시죠^^;;
지하철 OO역 바로 앞이므로 가능하면 대중교통을 이용해주시면 감사하겠습니다.

약도 첨부하오니 살펴보시고요.
더불어 내일 참석자 명단을 첨부했습니다.

정말 시리도록 추운 겨울입니다.
감기 조심하시고, 다음 주 강연 때 뵙겠습니다.

감사합니다.

김 실장 드림.

위의 이메일 내용은 언제, 어디에, 어떻게 가야 하는지, 또 유의해야 할 사항으로는 무엇이 있는지 잘 드러나지 않는 이메일입니다. 이러한 일정을 안내하는 이메일의 경우, 더더욱 잘 정리하여 전달할 필요가 있습니다.

다음은 비교적 잘 정리된 이메일입니다. 이렇게만 정리하더라도 상대방이 알아보기 훨씬 편하겠죠?

받는 사람:	최 대표님(choi00@bogoseo.net)
참조:	
제목:	10월 컨퍼런스 강연 안내
파일첨부:	<u>약도.jpg 참석자명단.xlsx</u>

최 대표님 안녕하십니까?
㈜콘텐츠코리아 김 실장입니다.

바쁘신 일정에도 이번 컨퍼런스 강연을 수락해주심에
감사드리며 자세한 강의 안내를 드립니다.

1. 강연일시 : 20**. 10. 22.(목) 10:00-11:30(1.5H)
2. 대   상 : 컨퍼런스 참가자 120명
3. 강의주제 : 메타버스의 미래와 우리의 전략
4. 담당자 연락처 : 홍 실장(HP: 010-7676-0897)
5. 장   소 : OO역 앞 J호텔 지하 1층 컨퍼런스룸
5. 기   타
    - 강의 시작 15분 전까지 안내데스크로 와주시기 바랍니다.
    - 주차 지원이 어려운 관계로 가급적 대중교통을 이용 바랍니다.
    - 약도 및 참석자 명단을 첨부하였으니 참고 바랍니다.

추후 자세한 사항은 별도로 알려드리도록 하겠습니다.

강의 당일에 뵙겠습니다.
감사합니다.

김 실장 드림.

한번에
오케이!
보고서
작성법

28화

보고 잘하는
사람들의 습관

보고력을 판가름하는 요소는 세 가지다.
기획 능력, 보고서 작성 능력, 그리고 표현 능력이다.
이 중에서 한 가지만 잘해서는 보고력을 갖추었다고 볼 수 없다.

기획 능력을 키우는 법부터 하나씩 알아보자.

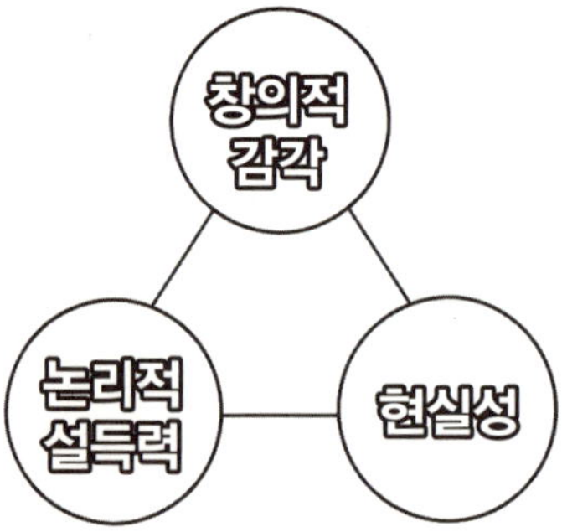

탁월한 기획 능력은
창의성, 논리, 현실성이
뒷받침되어야 한다.

창의적이긴 한데,
논리가
좀 떨어지는데.

논리적이긴 한데,
좀 뻔하잖아.

창의적인 아이디어라도
논리가 없으면 막연해 보이고,

논리적이라도 현장감각이 떨어지는
기획은 실속이 없어 보인다.

기획 능력이 없는 사람들은 보고서를 쓸 때마다 이전 것에 의존하고, 조금이라도 변화를 요구하면 어디에서부터 어떻게 써야 할지 헤맨다.

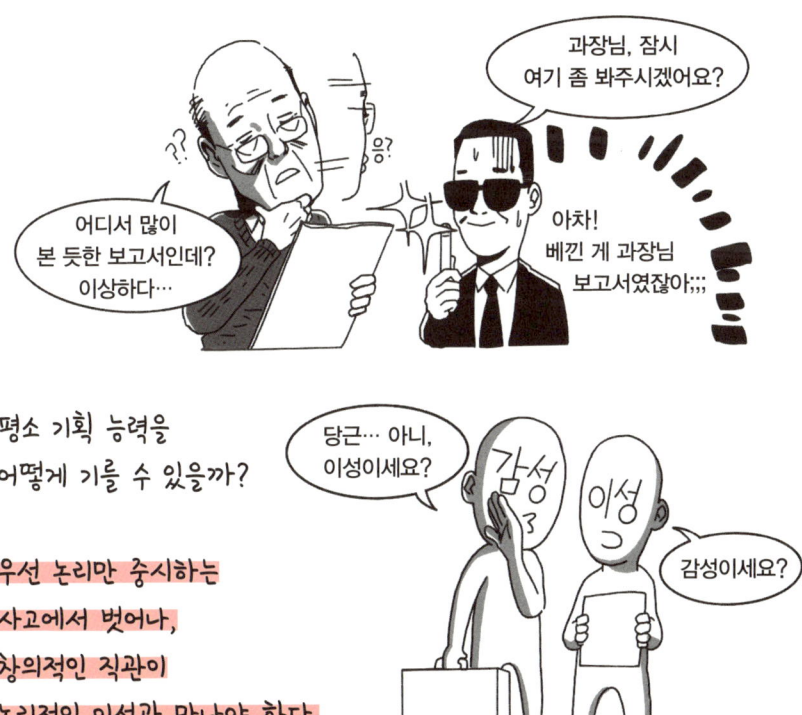

평소 기획 능력을 어떻게 기를 수 있을까?

우선 논리만 중시하는 사고에서 벗어나, 창의적인 직관이 논리적인 이성과 만나야 한다.

잘 알려져 있듯, 우리 뇌는 이성적 논리를 담당하는 좌뇌와 감성적 직관을 담당하는 우뇌로 이뤄져 있는데…

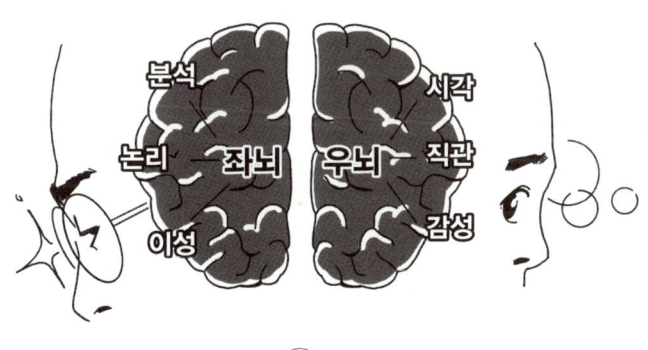

우뇌를 잘 쓰기 위해서 창의성과 관련한 활동을 해야 하고, 좌뇌를 활성화하기 위해 논리력을 동원해야 하는 활동을 해야 한다.

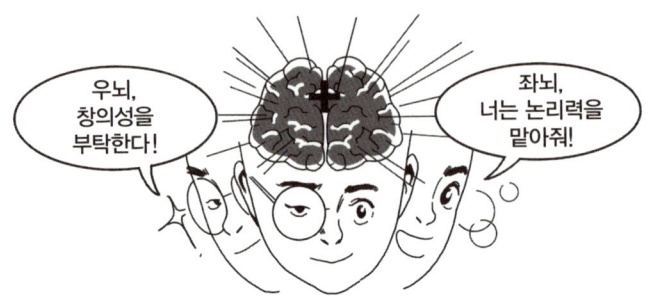

우뇌를 자극하는 좋은 활동으로 '머리말 독서'가 있다.
책의 머리말은 저자의 아이디어가 가장 감성적인 언어로 요약되어 있기 때문에 창의성의 촉매 역할을 할 수 있다.

광고 문구나 기획상품 등에 관심을 가져보는 것도 좋은 방법이다.

한편, 좌뇌를 활성화하는 습관 중 하나는 신문을 자주 읽는 것이다. 시류를 반영하는 주제를 논리적으로 풀어낸 사설을 읽는 것만큼 논리력을 기르기에 좋은 방법은 없다.

메모를 하고 정보를 수집하는 습관도 우뇌 자극에 도움이 된다.

기획의 자료가 될 뿐만 아니라 글쓰기를 연습하고 현실 감각을 기르는 데 유용하기 때문이다.

언제 어디에서든 메모하자.
메모는 잊지 않기 위해서가 아니라 적어놓고 다른 것에 몰두하기 위해서,
즉 잊기 위해서 메모하는 것이다.

잘 만든 기획보고서와 보고 능력이 뛰어난 사람을
벤치마킹하는 것은 보고력을 향상시키는 기본 자세라고 할 수 있다.

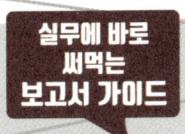

★ 보고력을 길러주는 네 가지 습관

보고력은 보고서를 작성하고 또 상대방을 설득하는 종합적인 능력입니다. 문제 상황을 돌파하는 창의력과 이를 풀어내는 논리력, 현장의 니즈를 파악하는 현실성이 모두 필요합니다. 직장인에게 가장 필수적인 역량이 바로 보고력입니다. 그렇다면 보고력을 어떻게 기를 수 있을까요? 네 가지 방법이 있습니다.

첫째, 창외력을 위한 책 머리말 읽기.
서문이나 프롤로그 등으로 불리는 머리말은 작가의 창의성이 압축된 글입니다. 독자를 유혹하기 위한 반짝이는 아이디어가 담겨 있죠. 서점과 책방에 가서 낯선 분야의 도서의 머리말을 읽어보시길 바랍니다. 온라인서점에서 미리보기를 통해 읽으셔도 됩니다. 그곳에서 여러분이 작성해야 할 보고서의 실마리를 얻을 수 있을 겁니다.

둘째, 논리력을 위한 신문 읽기.
신문은 논리적인 글쓰기의 전형입니다. 특히 사설이나 칼럼은 더 논리적이죠. 신문의 글들은 어떤 사안을 다각도로 조명하며, 그 사안에 대한 필자의 견해는 무엇인지(핵심 주장), 왜 그렇게 생각하는지(논리적 근거), 그리고 앞으로 어떻게 할 것인지(실행 방향성)까지 담고 있습니다. 보고서의 형식과 흡사하죠? 종이로든 인터넷으로든 신문을 읽으며 논리력을 기르길 바랍니다.

셋째, 현실성을 위한 현장 탐사.
건설 회사 직원이라면 건설 현장에, 홍보 및 마케팅 회사 직원이라면 온라인 쇼핑몰이나 소셜미디어뿐만 아니라 대형마트나 백화점에 가보아야 할 것입니다. 보고서나 통계자료를 통해 얻을 수 있는 정보는 현장과 거리가 있는 경우가 많습니다. 규칙적으로 날을 정해서 현장에 나가보시길 바랍니다.

마지막으로 메모하기.
앞선 세 가지 방법에서 얻은 정보나 통찰을 어딘가에 정리해두세요. 구조화하여 잘 정리해두면 좋지만, 키워드만 적어두는 것도 좋습니다. 뜬구름 같은 생각이 한결 구체적으로 세분화되는 걸 느끼실 수 있을 겁니다. 메모장에든 스마트폰의 애플리케이션에든 메모하는 걸 습관화해보세요. 메모가 쌓이고 쌓여서 나중에는 더 큰 도움을 줄 겁니다.

요즘 '루틴(Routine)'이라는 단어가 인기입니다. 일상의 규칙은 좋은 습관이 되고, 좋은 습관은 더 나은 일상을 만듭니다. 이러한 선순환이 오랫동안 이어지면 탁월한 성과로 이어집니다. 금방 승진하는 직장인, 올림픽에 나가는 선수, 훌륭한 기업경영자 등 각계각층에서 인정받는 사람들의 시작은 좋은 루틴 아니었을까요? 위 네 가지 습관이 여러분에게 좋은 출발점이 되었으면 좋겠습니다.

에필로그

현장을 이롭게 하는 보고서

홍익인간(弘益人間).
'널리 인간세계를 이롭게 한다'는 뜻으로,
단군 신화에 나오는 우리나라 최초의 건국 이념이다.

홍익인간 정신을 보고서 작성법에 적용하자면,
'홍익현장'이라고 표현할 수 있다.
현장을 널리 이롭게 하는 기획보고서를 써야 한다는 것.

상사에게는 그럴듯하게 비칠지 모르지만,

현장에선 반기지 않는 보고서,
현장에 도움을 주지 않는 보고서,
심지어 현장을 더 힘들게 만드는 보고서는 그야말로 최악이다.

홍익현장 정신을 이루려면 의사결정자의 마음가짐이 특히 중요하다.
의사결정자가 현장에 밝지 않으면
좋은 보고서도 탁상공론으로 끝날 가능성이 높다.

에필로그: 현장을 이롭게 하는 보고서

보여주기식 보고서는 그만 사라져야 한다.

상사는 보고를 위한 보고서가 없어지도록 실무자의 부담을 줄여주고, 원칙에 맞게 지시를 내려야 한다.

또 보고서를 꾸미는 데 지나치게 시간과 노력을 쏟지 말아야 한다.

프레젠테이션을 없애고 보고서를 유연하게 작성할 수 있도록
서식을 간소화한 조직이 있는데,
홍익현장 정신에 부합하는 조치였다고 할 수 있다.

보고서 작성과 보고 행위는 양방향 소통이다.
보고는 공감, 배려, 조율의 원칙에 입각해 이뤄져야 한다.

공감은 기본이다. 쓰는 사람과 받는 사람의 공감대가 없으면, 합의에 이르지 못하고 시간과 노력만 허비할 수 있다.

윗선에 잘 보이기 위해 마감을 무리하게 압박하는 상사도 간혹 있다. 그렇게 만들어진 보고서는 질 나쁘게 양산된 보고서일 수밖에 없다.

에필로그: 현장을 이롭게 하는 보고서

상대방의 상황과 능력을 배려하는 문화가 정착되어야 한다.
의사결정자는 기대에 못 미치는 보고서일지라도,
결과물을 핀잔하기보다 고생한 시간을 인정해주어야 한다.

핵심은 조율이다.
체계적이지 못한 조직일수록
상사는 모호한 지시를 내리고,

실무자는 기획 의도를
파악하지 못한 채
부족한 보고서를 작성한다.

실무자는 겁내지 말고 틈틈이 중간보고를, 의사결정자는 구체적이고 책임감 있는 지침을 제시해주어야 한다.

투명하고 정확한 소통은 합리적인 결과물로 이어진다.

이제는 보고 문화도 달라져야 하지 않을까?

종이 보고서 대신 온라인 보고서,

대면보고 대신 화상보고 등 효율적인 시스템이 활성화되어야 한다.

에필로그: 현장을 이롭게 하는 보고서

무엇보다 중요한 건 긍정적인 마음가짐이다.
의사결정자는 실무자의 능력과 경험을 믿고, 실무자는 주체적으로 기획에 임해야 한다. 기획 방향성이 틀어지고 예상 밖의 평가를 받더라도 의욕을 잃어선 안 된다.

보고든 보고서 작성이든 결국 사람이 하는 것이다. 사람을 중심으로 소통하면서 서로를 이롭게 하는 보고서가 직장에서 홍익현장 정신으로 구현될 수 있으리라 믿는다.

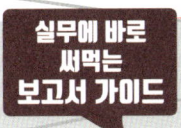

★ '홍익현장 보고서'를 위한 7원칙

보고서는 결국 현장을 더 이롭게 만들기 위한 준비물입니다. 보고를 위한 보고서는 안 됩니다. 상사를 위한 보고서는 더더욱 안 됩니다. 현장에서 필요로 하는 '홍익현장 보고서'를 작성해야 합니다. 저는 보고서를 작성할 때 7원칙을 지키려고 노력합니다.

첫째, 다른 보고서를 베끼지 말 것.
보고서를 베끼는 행동은 스스로 보고서를 작성하는 능력을 저해합니다. 다른 보고서를 참고하되, 자신의 방식으로 응용하여 활용해야 합니다.

둘째, 사무실에 앉아만 있지 말 것.
사무실에서, 오직 컴퓨터 앞에 앉아 작성한 보고서에는 현장 감각이 없습니다. 이른바 '탁상공론 보고서'가 될 가능성이 높죠. 현장에 나가고, 실무자와 소통하며 보고서를 완성해나가야 합니다. 즉, 현장의 목소리가 반영된 보고서가 필요합니다.

셋째, 자신의 자료에 의존하지 말 것.
자신에게 익숙한 자료, 기존에 만들어두었던 자료 등으로 보고서를 만든다면, 매번 보고서가 똑같은 모습일 겁니다. 자료를 모을 수 있는 방법은 너무도 다양해졌습니다. 더 광범위하게 자료를 수집해보세요.

넷째, 앞에서 힘을 빼지 말 것.
아이디어나 논리는 중요하지만, 그보다 실행력이 더 중요합니다. 현장을 개선하는 것은 결국 실행력이기 때문입니다. 아이디어와 논리에 치중해 힘을 빼지 말고, 실행을 위한 힘을 남겨두어야 합니다.

다섯째, 보고를 위한 보고서를 쓰지 말 것.
보고서는 위로 가는 게 아니라 아래로 퍼져야 합니다. 의사결정자에게 잘 보이기 위한 보고서는 왜곡과 과장이 들어갈 수 있습니다. 현장의 실무자들을 위한 실용적인 보고서를 쓰려고 노력해야 합니다.

여섯째, 지침에서 벗어나지 말 것.
모든 직장에는 그 직장에서 오랫동안 활용되어 온 보고서 지침이 있습니다. 일종의 소통 문화이기 때문에 따르는 것이 좋습니다. 만약 지침에서 벗어난 보고서를 쓴다면, 사람들은 새로운 형식을 이해하느라 정작 중요한 내용에 주목하지 못할 수 있습니다. 보고서 내용은 창의적이어도 좋습니다. 그렇지만 보고서 지침은 꼭 따르도록 합시다.

일곱째, 유통기한을 넘기지 말 것.
보고서는 최신 트렌드와 변화하는 환경에 맞게 작성해야 합니다. 철 지난 내용이나 시대의식을 잃어버린 보고서는 가치가 떨어집니다. 낡은 보고서는 버리거나 개량하며, 끊임없이 신선한 보고서를 써나가야 합니다.

이제까지 홍익현장의 보고서 원칙을 알아보았습니다. 여기에 더해 여러분만의 원칙을 정해보는 것도 좋겠죠. 직장생활과 보고서는 떼려야 뗄 수 없는 사이입니다. 즉, 보고서를 쓸 때마다 어려움을 겪는다면 직장생활도 그만큼 고달파질 수 있습니다. 이 책이 여러분의 보고서 작성 능력을 쑥쑥 늘려주길 바랍니다. 그래서 직장생활의 어려움을 덜어줄 수 있었으면 합니다. 멋진 보고서와 더불어 여러분의 행복한 직장생활을 응원합니다.